伝わり方が劇的に変わる！

6つの声を
意識した
声かけ
50

熱海康太
[著]

東洋館出版社

はじめに

　教育書や研修会などで教育メソッドを学んできても、期待通りの効果が出ないことがあります。子どもたちも違えば、技術も違うので、それは当然のことです。また、指導には、技術のほかにもヒドゥンカリキュラムと呼ばれる教員の人格や雰囲気が影響する、とも言われています。それらによって教育効果が生まれるのです。

　多くの分岐点のある授業や生活指導の技術だけでなく、教員の声かけなどでも、教員それぞれでやはり効果が違います。それをただ、「技術や人柄が違うから」だけで、片づけてしまうと、救われない多くの教員が出てしまいます（出ているのが現状です）。理論と実践の橋渡しだけでなく、実践と効果の橋渡しが教育書においても求められています。

　声かけ集であれば、「話し方」がその「橋」となるのではないかと考えました。

　一つの言葉でも、大きく言うのか、小さく言うのかで、そのニュアンスは180度異なる場合があります。音の高さや速さを適切に選択することも重要です。そこを間違えると、「効果がない」どころか「逆効果になってしまった」ということもありえるでしょう。話し方のそれぞれの特徴を理解して、言葉をかける必要があります。

　「大きく言うのか、小さく言うのか」などの話し方やその効果を理解し、意識すれば、もともとの技術（経験）は十分カバーできると考えています。

　またヒドゥンカリキュラム（人格や雰囲気など）も、話し方によって、かなりの部分をコントロールすることができます。なぜなら、話し方は話

し手である教員の気持ちや雰囲気を変えることが多いからです。叱る時に、大きな声を出せば教員としてもかなりテンションの高い状態（悪くなっていれば感情をコントロールできなくなりつつある状態）になります。逆に小さな声で話せば、教員自らも冷静になり、落ち着いて子どもの様子を観察できます。

　自分の言葉を最初に聞くのは、自分自身ですので、その言い方が心に与える影響は強いと言えるでしょう。話し方により、ヒドゥンカリキュラムも整えることができれば、声かけのねらい通りの効果が期待できるようになります。子どもが違うという部分は依然ありますが、児童理解という分野は教員が比較的強いところでもあり、また勉強の機会も多いです。一方で、「話し方」は大学等でもほとんど言及されません。

　以上の理由から、本書は、「声かけ×声の種類」を扱っていることで、「何だか素晴らしいことが書いてあるのに、実際は使えない」や「力のある先生が使えばよいのだろうけど、自分では……」というガッカリ感が少なく、**すぐに使えて効果が長持ちする汎用的な実践集である**、と自負します。

　先行書においても、話し方のカテゴライズから声かけに対応しているものは、ほとんどありません。経験の浅い教師のみならず、新しいアプローチの仕方を模索する中堅、ベテラン教師にも新鮮な風を提供することができるのではないかと考えています。

　さあ、ページを開き、新しい方法にトライしてみてください。あなたの選んだ声かけが、子どもたちの素晴らしい未来を創ることになるはずです！

CONTENTS

第1章

伝わり方を変える秘訣

○言葉だけでは伝わらない

●うまくいかない！

　私は、大学時代、学校現場や小学生の子どもたちと接する機会があまりありませんでした。学生として、理論を自分のものにすることに注力しているつもりでした。

　しかし、現場に出て、例えば、アドラーのように「叱らない教育」を実践しようとするも、全く子どもたちは動かず、むしろクラスは混乱状態になりました。理想とする形はあるものの、それを実現できる技術が圧倒的に足りないことに気づかされました。

　そこで、私は、国立大学附属小学校の、いわゆる「スーパー先生」の授業から学ぶことにしました。そこでは、私が今まで全く使ったことのない声かけで、子どもたちの成長を促すカリスマ先生の姿がありました。そもそも、使っている言葉の違いに衝撃を受け、声かけをまず変えてみようと考えました。

　早速、次の日に、そこで学んだ数々の言葉を、子どもたちに投げかけてみました。**子どもたちの目は輝き、魔法のようにクラスがよくなり……とは、なりませんでした**。確かに、子どもたちに変化が見られることはありましたが、スーパー先生とは比べものにならないほどの小さなもので、また変わったと思っても次の日には元に戻ってしまうのでした。

●同じような経験はないでしょうか？

　この本を手に取って下さった皆さんにも、同じような経験はないでしょうか。

　例えば、隣のクラスのベテランの先生の言葉を自クラスで言ってみたけれど、子どもたちの**リアクションが全く違う**、「声かけ集」と呼ばれる教育書を買って同じように声はかけてみたけれど、**書いてある通りの効果が出ない**、ということです。

● うまくいかない根本とは

　スーパー先生が練りに練った珠玉の言葉の数々は、私のクラスで、なぜ、効果がなかったのでしょうか。**私の失敗は「簡単に子どもを変えようとしていた」（言葉だけを真似して、その響き方まで考えることをしていなかった）ことに尽きる**と思っています。

　表面的なことばかりを切り取って、子どもに与えることは、とても楽で、時に見栄えがよいこともあります。しかし、子どもは賢く、そんな思惑はすぐに分かってしまうと、今では実感しています。

　「先生は間違っている」と、子どもたちが言語化してアウトプットすることはあまりありませんが、違和感や受け入れがたい感情は心の中に確実に広がり、心の底に言葉が落ちることはないのです。

　むしろ、「それは変！」と単刀直入に言ってくれる子の方が、有難いということに気がつきました。

子どもの指摘や反応を改善のきっかけに

○ 言葉が伝わらないのはなぜか

①ノンバーバルコミュニケーションを意識していない

　よくよく考えれば分かることですが、言葉だけを言っても意味がないのです。子どもたちは、教師とのノンバーバルコミュニケーション（非言語コミュニケーション）で様々なこと（言葉以外の表情や雰囲気）から教師の本心を読み取ろうとします。

　私たちも、誰かがニコニコと笑っていれば「今日は嬉しいことがあったのかな」「私によい印象をもっていそうだ」、素早く動いていれば「忙しそう」「怒っているのかもしれない」などの印象をもつことがあるのではないでしょうか。

　ですから、**声かけの内容と伝え方が矛盾しないことが重要**です。そこが一致しなければ、子どもたちを混乱させてしまいます。そして、「先生は、本当はそんなこと思っていないな」と子どもたちに感じさせてしまう

子どもが安心して受け止められる伝え方を

でしょう。

　そうなれば素晴らしい言葉たちは、むしろマイナスに働くことになります。

②一つの声かけの前後には大きな流れがある

　スーパー先生と私では、教師としての経験も技術も、人間性も全く違います。スーパー先生に見えていることで私には見えていないことがありますし、子どもを受け入れる器の大きさも違います。

　そのような違いがあるので、子どもたちに指導をしてきたことについても大きな差が出ています。**一つの言葉の前には、布石がいくつも並べられている**ことを意識しなければなりません。

③子どもたちが違う

　子どもたちが違えば、同じ言葉でも受け取り方は違ってきます。子どもたちの状況や発達の段階によって、言葉を受け取りやすい状況にあるのか、そうでないかが変わってきます。

○どうすればいいのか

　では、どうすればいいのでしょうか。スーパー先生の名言や、本棚に並ぶ「声かけ集」は無駄になってしまうのでしょうか。

　もちろん、そんなことはありません。下の2点を意識することで、様々な先行実践を自分のものにすることができます。

●言葉以外を意識する（声かけと伝え方を一致させるための対応）

　メラビアンの法則というものがあります。人がコミュニケーションにおいて重視する割合を明らかにしたもので、言語情報、視覚情報、聴覚情報それぞれが矛盾する形でメッセージを発した場合に、どの情報が優位に受け取られるかを調べる実験で、被験者がどの情報を受け取ったのかについて視覚55％、聴覚38％、話の内容7％という分析結果が出されています。

つまり**話の内容がどんなに素晴らしくても、ポジティブに受け取られるかどうかは、視覚情報や聴覚情報に拠ることが多い**ということです。言葉以外の情報をどう伝えていくのかも考えるべきです。

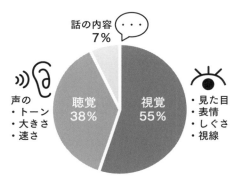

人がコミュニケーションにおいて重視する割合

● **真のねらいを意識する（子どもに寄り添うような声かけにするための対応）**

　スーパー先生の名言や、「声かけ集」に載っている言葉は、深いものであることがほとんどです。**子どもたちをコントロールし自分の思い通りに動かすのではなく、将来に直結する生きる力をつけさせることを意識**したものが多いのです。

　言葉をただ真似するのでなく、その裏にある長期的で汎用的な真のねらいをしっかりと考えていくことが重要です。そうすることで、声かけを自分の実力や、自クラスの子どもたちに合わせて伝わりやすい形にアレンジすることが可能になってくるのです。

　その入り口に立つ具体的な方法については、以下で示していきます。

○声を使い分けて伝わり方を変えよう

　本書も「声かけ集」です。ただし、「書いてある通りにしたのに、子ど
もたちがまるで変わらない！」ということがないように工夫しています
し、**その工夫を意識していただくことで、さらに声かけの効果は高まりま
す**。

●声かけ×声の種類（声かけと伝え方を一致させるための対応）

　先ほどのメラビアンの法則を読まれた方は「なるほど、視覚の部分が大
切だというなら、とにかく見た目から集中して整えよう！」と考えるかも
しれません。実は、メラビアンの法則の解釈で、一番誤解を受けるところ
はそこなのだそうです。

　メラビアンの法則は視覚情報、聴覚情報、話の内容に矛盾がある場合、
何が優先される確率が高いか、というものなのです。例えば、腕を組んで
俯いた姿勢で「ありがとう」と言った場合、ポジティブな言葉が採用され
る確率は７％、ネガティブな態度が採用される確率は55％ということで
す。

　つまりは「見た目（視覚情報）」「声の種類（聴覚情報）」「声かけ（話の
内容）」のどれかを強化するのではなく、方向性を矛盾なく一致させるこ
とが重要だということです。それが一致することが、言葉とノンバーバル
コミュニケーションを一致させるということです。

　言葉で言うのは簡単ですが、これらを一致させるのは簡単ではありませ
ん。特に、一致しにくいのは、「声の種類（聴覚情報）」と「声かけ（話の
内容）」です。

　上記の腕組みの例えのように、「見た目（視覚情報）」と「声かけ（話の
内容）」が矛盾するパターンもありますが、比較的気づきやすく、修正し
やすい部分ではあると考えています（とは言うものの、私は毎朝、鏡の前
で笑顔の練習をしてから学校に向かうようにしています。恥ずかしさはあ

りますが、自分の授業の様子をビデオで撮ることで、「見た目」で足りない部分を把握することもやっています）。

　一方で、「声の種類（聴覚情報）」と「声かけ（話の内容）」については難しい部分があります。まず、自分の指導時の音声を録音してみると「思った以上に平板に話している」と気づかれる方も多いのではないでしょうか。「あなたのことを大切に思っているよ」と言っていても、何となく話しているのなら、相手は38％の確率で、「別に何とも思っていないんだな」と解釈してしまうかもしれません。

　本書の特徴としては、この**「声の種類（聴覚情報）」と「声かけ（話の内容）」が一致する**ように、使う声の種類ごとに声かけを紹介しています。

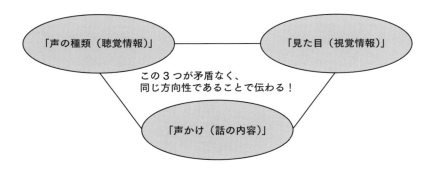

　声の種類としては、「大きい声」「小さい声」「高い声」「低い声」「速い声」「遅い声」の６種類に分けました。この６種類に対応する声かけについて、本書では紹介していきます。

● **表面的に終わらないために（声かけが子どもに寄り添うようにするための対応）**

　上記の「声の種類（聴覚情報）」と「声かけ（話の内容）」を一致させることで、言葉と同じ内容のメッセージを発することができるようになります。しかし、「教師の力量の違い」「子どもが違う」と言った部分はどのよ

うにクリアしていけばよいのでしょうか。

　本書は、声かけが**「子どもをコントロールすること」に終始しないように、できるだけその奥にある長期的で汎用的なねらいが伝わるように、意識して**書いたものです。「この声かけで、子どものどのような長期的な力を育てたいのだろう」と想像しながら読んでいただくことで、教師としての考えの幅を広げ、目の前の子どもたちを見ることに繋がります。

　子どもの成長は、短期的な変化だけではなく、長期的な変化を見ていくことも重要です。そうすることで、声かけの汎用的な側面に注目することができ、自分なりに声かけをアレンジしていただくことも可能だと考えています。

　むしろ、自分なりにアレンジできるくらい言葉のねらいを明確にしてから声かけしていただくことで、目の前の子どもたちの成長にマッチしたものになるだけではなく、教師自身の成長を促すものになると思っています。

○声かけの前に意識してほしいこと

　私は、「声かけ集」を購入する時には「明日からすぐに使って、とにかく現状のクラスが少しでもよくなれば」と考え、将来の姿をあまり意識していないことが、これも恥ずかしながらありました。もちろん、本書も即効性のある声かけを多く載せています。ただ、本書は即効性を意識しながらも、確実に**「子どもの根っこの部分」にアプローチしていくための声かけ集である**ことを明記しておきたいと思います。

　さて、ここまで、お読みいただいた方には「声かけが声の種類で分類されている理由が分かった！　声かけと伝え方を一致させるための対応をするための本なのだな。ただ、声かけが子どもに寄り添うようにするための対応は『子どもの根っこの部分』などとは書いてあるけど、結局は抽象的

で、よくイメージができない！」という印象をもたれた方もいらっしゃると思います。そこで「声かけの前に」意識していただきたい２つを下に示しました。この２つを意識することで、声かけが子どもに寄り添うようにするための対応をクリアするための具体的な入り口（「教師自身を成長させ、目の前の子どもたちにアプローチする」ための具体的なスタート地点）に立つことができます。

　なお、以下のことは「もうそんなこと分かっている」「当たり前じゃないか」と考えられている方もいらっしゃると想像します。しかし、冒頭に述べた通り「理解」とは頭で分かっているだけでは足りない、**分かっているつもりが一番怖い**、という側面もあります。是非、私の考えとご自身の考えを照らし合わせ、心の中で「ここは違う」「ここはまあ、分かるな」というように対話していただき、さらに「理解」を深めて頂ければ幸いです。

●声かけの前に、意識していただきたいこと１
「声をかけるのは、あなた自身であると認識する」（声かけが指導の文脈

表面的に整えるのではなく、根っことなる部分を見つめ、変える

に合うようにするための対応をするための具体的な考えの入り口）

　言葉だけに意味があるのであれば、休み時間にスーパー先生に録音させてもらった名言を永遠と流しておけばいいのです。しかし、それでは、なんの効果もないことは明白です。

　子どもが大好きな担任の先生が言う、ということが重要なのであって、今までの子どもたちとの関係も踏まえたタイミングで、言葉に熱い思いや優しさが乗るからこそ、言葉は子どもたちの心に響くのです。子どもたちのことを分からない人では、意味がないのです。

　ですから、**声かけをするのは、言葉ではなく、あなたの存在全て**であると意識してもらいたいと考えています。そう考えると、教師は基本的な技術は元より、豊かな人間性を備えていなければならないことになります。あなたの存在全てをアップデートすることでしか声かけが指導の文脈に合うようにするための対応をする（教師自身を成長させる）ことはできないということです。

● **声かけの間に、意識していただきたいこと2**

　「子どもたちを好きになる努力をする」（声かけが子どもの実態に合うようにするための対応をするための具体的な考えの入り口）

　「急に青臭いことを言い始めた」と、思われるかもしれません。では、このように考えてみてください。

　例えば、「サッカーのクリスティアーノ・ロナウドって、何がいいの？」と聞かれた場合に、ただロナウドを知っている人は「何度もバロンドール（世界年間最優秀選手賞）を獲った、世界一に近いサッカー選手」と言うかもしれません。

　しかし、あなたがロナウドの大ファンだったらどうでしょうか。何とか相手にロナウドのことを好きになってもらおうと考えるのではないでしょうか。「あなたは定期的に献血をしているよね。ロナウドも定期的に献血を続けるため、あえてタトゥーを入れていないんだよ」と相手意識を発揮

して話したり、「銀河の名前になるほどの偉大な選手！」とインパクトを大事にして話したりするために、様々な角度からロナウドの魅力を検証することでしょう。

このように好意をもつことで、より多角的にその人を見たり、それをアウトプットしたりすることが可能になります。

ただ、私たちも人間なので、全ての児童を同じように愛することは難しい場合もあるかもしれません。また、正直「教えることは好き」だけれど「子どもはそこまでではないな」という方もいらっしゃるかもしれません。

それでも、その人なりに、子どもたちを好きになることは可能です。

そのためには、**子どもと自分の共通点に注目をする**とよいです。自分の息子や娘が愛しいのは、自分の分身（全て自分と一致している）のように思い、感情移入することができるからです。ほんの少しでも共通点を見つけることができれば、好きであることと同じ効果が得られます（そのように共通点を探していくと、自然と相手に好意をもてることもあります）。

もちろん、客観性を確保する上で、盲目的な愛になってはよくありません。ただ、本当に大好きなのであれば（自分の所有物ではなく、一人の人間として尊重するのであれば）、「客観的にも主観的にも見守り、バランスよく育てよう」とする思考も出てきます。

このように、「大好きになる」「好きになろうとする」「好きを目指すために共通点を見つけたい」とする姿勢が、大切です。この姿勢で子どもたちと接することにより表面的なコントロールを早々に脱却し、深い教師の力を付ける入り口に立ち、目の前の子どもたちの長期的な成長に迫ることができると考えています。

○いよいよ声かけへ

上記のことを念頭に置いていただくことで、これから提示する50の声

かけは目の前の子どもを真に変容させ、クラスをよりポジティブにし、先生ご自身を成長させるものになると考えています。

　次ページ以降では、声かけページの見方を説明します。本書では一つの声かけにつき、見開き2ページで解説しています。一つひとつの項目についての意図をご理解いただくことで、それぞれの声かけの真のねらいを理解することがスムーズになります。

○声かけページの使い方

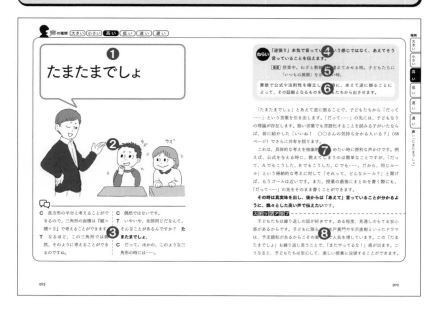

❶声の種類／声かけ

　「声の種類」は、「大きい声」「小さい声」「高い声」「低い声」「速い声」「遅い声」の6種類です。声の種類の大まかな効果については、それぞれの声の冒頭で解説しています。❻の「声かけの概要」部分で示してある声

かけのねらいが最大化する（前述した「声の種類（聴覚情報）」と「声か
け（話の内容）」が一致する）声の種類を選択してあります。

「声かけ」については、一言一句同じである必要はありません。状況に
よって、子どもたちに寄り添う言い方になることもありますし、もっと丁
寧に言葉を加えて伝えることもあります。声かけのねらいが一番達成でき
るような言い方を、先生自身が判断していただき、失敗も含めて、試行錯
誤していただくことが大切であると考えています。

❷イラスト

パッと見て、イメージを広げていただくものです。声かけを紹介する上
で見開き２ページにしたのは、**左のページでは直感的に捉えていただ
き、右のページの解説などで声かけの深いねらいを知っていただきたい**と
いう意図があるからです。

ですので、このイラストを見ることで、まずイメージをもつ入り口にし
ていただきたいと思っています。イメージを固定するためのものではあり
ません。「自分のクラスだったら」「ほかの場面で使うとしたら」など様々
に発想を広げるヒントにしていただければと思います。

❸ CandT

C（child）とT（teacher）のやり取りの一例を示しています。ここも②
と同じく、**イメージを固定するためのものではなく**、例を示したもので
す。

❹○○の声のねらい

６種類の声に対応した効果を示しています。

ここでは、声かけそのもののねらいではなく、声の種類に対応した効果
について言及しています。ここで紹介している効果は、声かけに紐づいて
いるものではなく、声の種類に紐づいているものです。

ですから、この声かけでなくても、**この項目に「大きい声のねらい：
『強さ』」と書かれていれば、大きい声を出すとその効果が期待できる**、と

いうことです。また、裏を返せば、その印象を与えてしまう可能性がある
とも言えます。

　ここに書かれている効果を参考に、様々な声の種類を駆使して話すこと
で、メリハリのついた伝わりやすい話し方を得ることができます。

❺場面

　この項目は、**❹と紐づいているもの**です。書いてある声かけに限らず、
❹のねらいを達成したい時は、❺で書かれている場面で、その声の種類を
活用すると効果が大きくなります。

❻声かけの概要

　これは、声かけそのものと紐づいているもので、声かけのそのもののね
らいが書かれています。また、❼、❽の要約です。

　ここで、**大まかに声かけの方向性を捉えて**、その後の解説、ステップ
アップを読んでいただくことで、声かけの長期的で汎用的なねらいにス
ムーズに迫ることができます

❼解説

　❻で記したねらいについて、詳しく解説している部分です。

　できるだけ、抽象的な理論部分と、具体的な場面や実践・方法のバラン
スが取れるように、表しているつもりです。具体が想像しやすい声かけで
は、あえて抽象を多く、その逆では具体を多くというように、総合的な釣
り合いを意識しています。

　読んでいただく際にも、「これをまとめるとしたら（具体から抽象へ）」
「このことを実践に落とすと、例えば……（抽象から具体へ）」と考えなが
ら進めていただくと、理解が進みやすくなります。

　このような教育書を読んでいただく時には、漠然とインプットするので
はなく、アウトプットしながらインプットをすることで、インプットは何
倍にも強化されます。上記のように考える（思考でアウトプット）のもよ
いですし、本書に書き込みをしていただいたり、アンダーライン・付箋を

つけたりする（作業でアウトプット）のもよいです。

　他人の私が書いたことをいかに「自分事」にしていくかが肝心だと考えています。

❽ステップアップ

　ここでは、❼をより強化、発展させるための考えを書いています。**言葉かけの理解をより多角的に深める**ことができるように意識して書きました。

　それでは、いよいよ具体的な声かけを見ていきましょう。あなたのクラスでは、これらの声かけはどのように響くでしょうか。ポジティブな想像とともに、実際の子どもたちの成長に繋がることを願っています。

第2章

6つの声を意識した声かけ50

大きい声の効果

　大きい声には、よくも悪くも場を変える力があります。明るく、楽しい雰囲気にしたい場合には、「とりあえず、大きな声を出してみる」は低学年の指導ではあながち間違ってはいません。

　低学年では、**大きく楽しげな声**で、まず教師がクラスをよい雰囲気にするお手本を見せていきたいものです。先生が楽しそうにしていれば、その感じに乗ってくる子は必ずいます。少しずつ周辺の子を巻き込んで（教師が自然に、仲介し、促して）、その人数を増やしていくことで、活発な動きが出てきたり、柔軟な意見が挙がったりする空気になります。

　一方、高学年では、あまりに子どもたちとテンションが違い過ぎるのも考えものです。ただ、大きいというより、**はっきりとした声で、よりよい大人としての姿を見せていく**ことは重要です。すぐに子どもたちが変わることはないかもしれませんが、教師との信頼関係が出てきた時に、その姿が自分の目指したいものであることに気がつく児童が出てきます。

　危険な場面で制止したり、発表会の本番前すぐに子どもに勇気を与えたり、という急がなければならない場面で、大きい声は短期的に有効です。威圧や強さといった効果で、子どもに対して強い刺激を与えます。ただし、このように大きい声を出して場をコントロールすることが教師の「悪い癖」になってしまわないように気をつけなければなりません。

　子どもを強制的に動かすということは、その数だけ、主体性を奪うことにほかなりません。早く変えたものは、早く元に戻ってしまうことを肝に銘じたいものです。

　ただ、逆にその「強さ」というものは、**「認め×強さ」「賞賛×強さ」**の

ように使うことが可能です。大きな声のパワーに乗せることで、ポジティブな出来事を何倍にも見せることができます。ですから、前向きなメッセージと組み合わせることで、その効果をよりよく生かすことができるのです。

　さらには、大きい声には、**「範囲を広げる」という効果**があります。独り言や、二人だけの話でも、声が大きければ必然的に周囲の人に広がります。このような効果を生かして、よい発想をもっているけれど押しが強くない子の意見を広げることに使いたいです。大きい声で、その子の意見をスピーカーのように全体に喧伝することは、全体にもその子本人にも価値の高さを伝えることに繋がります。

　また、上越教育大学の西川純さんは指導力を簡単に上げる方法として大きい声を挙げています。

　教室には不規則な雑音などがありますが、それを越えてしっかり聞こえてくる声でなければ、子どもたちは理解に集中することができません。ただし、教室にしっかり響くような声は、あまり日常的に使うことはありませんので、教師になって間もない方は、お腹から声を出す訓練が必要です。そうでないと、冬場など空気が乾燥する時期に、喉を潰してしまい、数日間、全く声が出なくなるということがあります（毎年、そのような先生方を見てきています）。

　そう考えると、この先に紹介している「大きい声」は、「大きい声を基本で出している中で、そこをベースにしたさらに大きい声」ということになるので、ボリューム的にはかなりのものになるでしょう。その分、メリットとデメリットがはっきりしてくるので、使用場面を精選していく必要があります。

ほっぺをたこ焼きに しよう

T　さあ、今日は初めての集合写真を撮りますよ。笑って笑って。

C　そう言われると、なかなか笑えなくて……。

T　確かにそうですね。じゃあ、**ほっぺをたこ焼きにしよう！**

C　たこ焼き！？

T　ほっぺのお肉を少し上に上げると、自然と笑顔になれますよ。あっ、もう上手なたこ焼き2つ、見いつけた！

ねらい　「テンションを上げる」子どもたちに笑顔を与えたければ、ま
ず教師の元気いっぱいな「笑顔の声」でモデルを示します。

場面　学年当初や写真撮影など緊張が生まれる時。音楽の歌唱の
表情の指導の時。

「笑顔の形」「笑顔の声」で教師がモデルを示し、まず型をつくら
せ、少しずつ心を伴わせていきます。

心理学者・ウィリアム＝ジェームス（1842-1910）は「笑うから楽し
い」と述べています（『その科学があなたを変える』リチャード・ワイズ
マン著）。楽しくなるために、まず「笑顔の形」になるということも重要
なことなのです。楽しい、に限らず学校で教える多くのことは、**まず形か
ら入り、少しずつ本質を理解し型を極めることで、その型を破り、オリジ
ナルをつくるという「守・破・離」という考えが重要**だと考えています。

「笑顔の形」だけではなく、「笑顔の声（テンションの上がる声）」のモ
デルを示すために大きな声は必須です。「笑顔の形」と「笑顔の声」のサ
ンドイッチで、子どもたちのテンションは大きく上がるはずです。

私は、学級開きで写真を撮ることが多いのですが、まずこの声かけを行
い、子どもたちの緊張を解していきます。1日目の帰り際に行うこと
で、子どもたちに楽しい1年間を予感させることができます。

■ステップアップ -

音楽の授業でも「たこ焼きほっぺ」を意識させることがあります。頬が
上がることによって、喉が開き、高い声が響きやすくなります。また、音
楽の歌唱では歌いたくなる雰囲気づくりがとても大切です。ここで、「笑
顔の形」と、大きな声を使った「笑顔の声」のサンドイッチを行うと、一
気に歌唱に向かう雰囲気ができあがるのです。

この問題を間違えるとしたら、どんなパターンがありそう?

そっかあ

間違えて
しまうのは
○○

○○だと
分からなく
なる

Q ○○○○○
　○○○○○

T　では、今日はこの問題です。

C1　答えは、簡単!　もうこの前
　　の授業でやったし。

T　なるほど、もう答えが分かって
　　しまうのですね。

C2　簡単です!

C3　(私、まだよく分からない……)

T　では、**この問題を間違えるとし
　　たらどんなパターンがありそう?**

C1　間違えてしまうのは○○。

C2　○○だと分からなくなる。

C3　(そっか、なるほど!)

ねらい 「一体感」子どもたちが、友だちのために、と思えるように、大きな声で情熱的に伝えて一つの事柄に向かうきっかけをつくります。

場面 授業中。全体の習熟が不十分な時（習熟に差がある時）。さらに、体系的な理解を促したい時。

間違いのパターンを考えさせることで習熟の差を埋め、分かっている子をさらに深い理解に導く。

　例えば 7 + 5 ＝ 12 と単純な式の答えを出すことは、学習内容を理解できていたり、覚えていたりすれば簡単なことです。しかし、まだその段階まで至っていない子は「みんな簡単に12と言っているけど、本当はよく分からない」という心境であることがあります。

　その際に「この問題を間違えるとしたら、どんなパターンがありそう？」という声かけを、既にできている子に投げかけることで、「自分は間違えない（と信じている）けれど、間違えやすい子を助けるためにちょっと考えてみるか」という気持ちになります。その気持ちを促すために、**感情のこもった大きな声で、情熱的に伝えること**が大切です。

　苦手な子は、間違いのパターンを聞くことで、復習をすることができたり、改めて習熟のための方法を知ったりすることができます。また、問題ができる子にとっても、体系的で深い理解を促すものに成り得るのです。

ステップアップ -

　これをステップアップさせると「○○さんの気持ちが分かる？」という声かけになります。何かを子どもに説明させた後に、さらに2回目に別の子に説明させたい時に有効です。気持ちという抽象度を高いものを扱う声かけであるので、よりエモーショナルに大きな声を使って、共感の気持ちが学びに繋がるように促していきます。

緊張力をもとう

T　いよいよ、運動会本番ですね。

C　もうだめ、緊張してクラクラしてきた。

T　なるほど、完璧です。

C　え、全然完璧じゃないよ。

T　むしろこのような時に、何も緊張しない方が問題だと思いませんか。

C　確かに……。

T　よい緊張はパフォーマンスレベルを上げる、という研究もあります。むしろ**緊張力をもとう！**

ねらい　「危機回避」危機的な心理状態にある子（小さな音が聞けない状態の子に）に、大きな声で刺激を与えます。

　　　　　　場面　子どもが、本番に向けて最高のパフォーマンスを発揮したい時。子どもが、緊張により本来のよさが発揮できそうにない時。

緊張はマイナスではなく、その利点を見ることでプラスに転じることができるという、逆転の発想を与えます。

　多くの人にとって、緊張はマイナス材料であることが多いです。しかし、緊張することで、より目の前のことに慎重になれたり、集中力を増して作業を行えたりします。緊張するということはそのことを軽んじていないということで、今まで思いを注いできたという証でもあるのです。

　ですので、本番当日では、あえて緊張して本番に向かうくらいでちょうどよいと考えています。このことを「緊張力」と呼び、本番直前に今までの成果を十分に発揮できるための仕上げのスパイスとして捉えさせるとよいでしょう。

　子どもたちがこのように、**精神的危機に瀕している時には、気づきを与えるような大きい声が必要**です（当然、物理的危機については、大きい声で早急に気づきを与えるべきです）。小さい声では、聞く余裕をなくしている心に、声が届かない可能性を考えておく必要があります。

ステップアップ -

　子どもたちが危機の状態にいる時には、大きい声で気づきを与えるべきです。しかし、そのまま大きい声でアドバイスを与え続けることは、子どもたちの焦燥感を刺激するものになってしまい逆効果です。子どもたちが「はっ」と気付くタイミングを捉えることができたら、今度は落ち着いた声でじっくりと心に浸透するように語りかけていきたいものです。

ここだけを見て

T　では、今日は834÷7を学習して
いきましょう。

C　けっこう、途中で間違えちゃう
んだよね……。

T　では、手で隠してしまいましょ
う。834の34を隠すと……。

C　8÷7だけになった〜！

T　そう、8÷7！　**ここだけを見
て！**

C　今、計算しているところだけが
見られるように、手で隠していけ
ば、間違えずに計算ができそう！

ねらい 「分かりやすさ」はっきりと大きな声で明示することで、子どもたちの理解を促します。

　　　　場面 授業中。子どもたちにつまずきが見られる際に、一歩目の道しるべを提示する時。

焦点化を促すことにより、行うべき作業を明確にして、解決への見通しがもてるようにします。

　私は算数の授業において「ここだけを見て」という言葉をよく使います。問題解決において、一番の問題は、「まず何から手をつけたらいいのか、さっぱり分からない」ことであると考えているからです。

　$834 \div 7$ のようなわり算は、初見では難しいように感じる子でも、34を隠して、まずは $8 \div 7$ だけを見るように促すことで、解くことができるようになるでしょう。このように、「ここだけ」と示すことにより、行うべきことが明確になり、特に小学校段階では初手が開けるだけで、解決への見通しをもつことができる子は多くなります。

　このような一歩目の道しるべは、音声としてしっかりと届ける必要があります。 また音声だけでなく、大きなジェスチャーや拡大投影機などで「ここ」が明確に分かるように示す必要があるでしょう。算数だけではなく、全ての複雑な事象には、教師の焦点化のための声かけが重要になります。

ステップアップ -

　上越教育大学の西川純さんは、指導力を高める簡単な手段として「大きな声」「大きな字」を挙げられています。聞き取りづらい声や小さな字では、まず聞くことや見ることに力を使うことになり、考えることに集中することが難しいのです。わりばしを唇と並行にくわえ、声を出す練習をすると、喉が開き、無理なく大きな声を出すことができるようになります。

先生は怒ります

。きけんな時

。だれかの入けんをしんがいする時

T 先生はみんなと楽しく成長のある1年を過ごしたいと思っています。

C 私たちもでーす！！（この先生なら少しくらいふざけても許されそう）

T ありがとう。みんなとゴールが同じで嬉しいです。ただし、**先生は怒ります。**

C（え……）

T それは、次の2つがあった時です。覚えておいてくださいね。

ねらい 「強さ」 リーダーに必要な意志の力強さを、ここぞという場面では大きな声で示します。

場面 学級開き３日目。子どもたちに軽さが見られる時。教師に対して軽んじるような雰囲気が出てきた時。

教室の安心安全を守るために、怒ることもあることを伝え、力強く子どもたちの成長を支えていくことを決意表明します。

学級開き１日目や２日目に楽しいアクティビティや明るい雰囲気で時間を過ごすと、３日目辺りから少しずつ場が乱れることが多くなっていきます。子どもたちは「今度の先生はどこまでを許すのだろう」と試し行動に出ているのです。

そこで３日目辺りに、その線引きをこちらからはっきりと提示することがよいと考えています。「先生が怒ること」を明確にしておけば、子どもたちの試し行動は終わります。また、教師の指導としてもブレることが少なくなるという利点があります。

この線引きを示す際には、**強さを表す必要**があります。心の強さなどは長期的な付き合いの中で分かっていくことだと思いますが、関係が浅い中では声の大きさも重要です。特に、**最初の印象は１年を決めることもあるため、初めの３日のどこかで大きな声を出す瞬間を意図的につくるよう**にしています。

ステップアップ -

本書をお読みの皆さんでしたら、「先生が怒ること」に何を挙げるでしょうか。私の場合は２つあり、「危険な時」「誰かの人権の侵害する時（あるいは、侵害しそうな時）」と子どもたちに伝えています。低学年には分かりやすい言葉に変えて話し、高学年では人権の意味を確認します。人権に関しては、その対象に教師も含まれていることも確認します。

迷っている姿が素敵

T　では、この問題の説明にチャレンジできる人？

C1　はい！

C2　（どうしようかな……）

T　今とても素敵な人がいました。この問題を一生懸命に解こうとピ

シッと手を挙げている人。そして、手を挙げようか迷っている人。

C3　迷っている人も？

T　迷うということは、しっかり自分と向き合っているということです。**迷っている姿が素敵！**

ねらい 「勇気づけ」はっきりと聞こえる大きな声で、子どもたちを肯定し、背中を押します。

場面 子どもが挙手をしようか迷い、少しだけ手を挙げている時。子どもが手は挙げてはいないものの真剣に考えている時。

迷うことを肯定することで、科目の授業を介して、現状の自分と向き合う意識を高めます。

　発達段階が上がるほど、授業で挙手する子は少なくなります。それは問題が難しくなるという以外に、人間関係についての理解が深まり、より慎重になるからです。だからこそ、授業中に発言させて主体性を刺激し、多くの子の声を聞きたいものです。

　そこで、まずは、発言すべきか迷っている子にスポットを当てることが大切です。**迷っている姿こそ、自分と向き合い主体的に学習している証と価値づける**ことで、「手を挙げるといいよ」などと伝えなくても、少しずつ挙手の人数は増えていきます。また、科目の学習を介して、自分自身とも向き合うことを刺激できます。「科目を教える」のではなく、「科目で教える」ということを意識することで、子どもたちの汎用的な力にアプローチします。

　このように、**子どもたちの背中を押すような勇気づけの場面では、はっきりと大きな声で伝える**とよいでしょう。

ステップアップ -

　「科目で教える」ためには、感覚の育成を教師が意識するとよいでしょう。算数の「分数の割り算」は生活の中ではあまり使いませんが、それを解くための論理的な思考力の感覚は、毎日使っています。一問一答や、技ができることをゴールとするのではなく、その先の感覚の育成をゴールとすることで、将来に役立つ汎用的な力をつけることができるのです。

それも成長だよ

わたしも真似して
やってみよう

T　最近、成長したな、と思うこと
　　はありますか。

C1　わり算ができるようになった。

C2　背が伸びた。

C3　あんまり怒らなくなった。

T　色々出てきましたね。さぁ、次
　は誰に答えてもらおうかな。
　おっ、○○さんは指先までピシッ
　と手が挙がっていますね。

C4　（私も、しっかり伸ばそう）

T　今、指先まで真っすぐになった
　人がいました。**それも成長だよ。**

ねらい 「賞賛」素晴らしさを伝えるために、普段使っている声よりも大きなボリュームで伝えます。

場面 子どもたちに成長について考えさせたい時。子どもが気づいていない自身の成長に気づかせたい時。

目の前のことを一生懸命に行うことで、小さくとも確実に成長している自分の姿に気づかせます。

教師の大切な仕事の一つとして、子どもたちが気づかない小さな変化や成長を見つけ、子ども自身に伝えていくというものがあります。子どもは、自分の変化を長期的に見たり、頑張っているものを考えたりすることで成長を感じることができます。しかし、私の考えでは人は生きているだけで成長する生きものですし、この一分一秒を懸命に生きようとしていればなおさら、大きなプラスの変化がその子に訪れているはずです。

例えば、ほんの少し、指が伸びたり、背筋が伸びたりするだけでも、それは子ども自身が「変わろう」という意思を発揮して、成長した結果と捉えることができます。そのような**小さな変化を「それも成長だよ」という言葉でしっかり賞賛する**ことで、日々頑張っている子を認めることができます。

「素晴らしい」と思っていることを伝える際には、**より大げさであっても表情豊かに大きな動きで、声も強いボリュームで発すると効果倍増**です。

ステップアップ -

声と共に重要なのは、手の位置です。普通に語りかける場合には胸のあたりで動かすとよいでしょう。より、エモーショナルにしたい場合には、少しずつ手の位置を高くしていきます。顔の辺りで動かすと、かなり熱く語りかける印象になるでしょう。さらには、手が頭よりも高く上がると、テンションが最高潮に高まっている自分を演出することができます。

あえて名前は言わないけど

T　あえて名前は言わないけど、給食の後に、汚れたワゴンの下を掃除してくれた人がいました。

C1　何で名前を言わないの。

T　その人は、みんなの前で褒められるために、掃除をしたのでしょうか。

C2　褒められるためじゃない。

T　誰かの幸せが自分の幸せだと思える人は、本当に幸せです。その気持ちを大切にしたいので、あえて名前は言いません。

ねらい　「全体化」一部のことを、全体に知らしめる時には、その重要さを強調するように、広範囲に聞こえる大きな声を出します。

場面 誰かのよい行動をクラスで共有したい時。目立たなくても頑張っている子を認めたい時。

承認欲求を刺激することなく頑張っている子どもを認め、よい行動をクラス全体に広げていきます。

　心理学者のアドラーは、褒めることは毒である、と述べています。褒めるほどに承認欲求は高まり「褒めなければやらないプライドだけが高い子」を育ててしまうというのは、私も教師生活の中で感じていることです。

　それでも、頑張っている子は認めてあげたいものです。そこで「あえて名前は言わないけれど」とし、褒められるためではなく、「誰かの幸せ＝自分の幸せ」が確立できていることについて価値づけします。そうすることで、自然と win-win の価値観を提示でき、より幸せを掴みやすい心の状態に子どもたちを導くことができます。

　これは、クラスの人間関係などにより、現在、立場が弱い子を認めることにも使えます。**匿名ではありますが、ここで大きい声を使うことによって、「先生は、より多くの人に伝えたいと思っているくらい、あなたの行動を認めているんだよ」ということが明確**になります。

ステップアップ -

　「褒めることは毒」と書きましたが、アドラーは「叱ることも毒」だと言っています。理由は同じで、叱らないとできない子を育ててしまうからです。では、どうすればいいかというと「I メッセージ」（私、を主語にした言葉）で表すとよいです。「私はあなたが○○していて嬉しい」「私は悲しい」などです。「ありがとう」は最高にポジティブな I メッセージです。

ファーストペンギンになろう

T ファーストペンギンは氷の上から、最初に海に飛び込むペンギンのことです。

C なんだか、こわいな……。

T このペンギンがいると、ほかのペンギンも後に続くことができます。

C リーダーということかな。

T そうです、そして、最初に飛び込んだものは一番多く餌にありつけます。教室には自然界のような危険はありません。**さぁ、ファーストペンギンになろう！**

ねらい 「勇気の醸成」教師の明るく元気な声に乗せた声かけで、子どもたちの背中を押し、行動への意欲を与えます。

|場面| 学年当初。クラスの雰囲気が凝り固まっていたり、少し消極的になっていたりする時。

ファーストペンギンの理論を与え、失敗を恐れずチャレンジすることのよさに目を向けさせます。

　まだクラスの雰囲気ができていない時期は特に、少し難しい発問をした際に、発言を躊躇する雰囲気が見られることがあります。その際にはファーストペンギン（天敵のシャチなどの脅威を感じながらも、自分や集団のために初めに氷上から海に飛び込むペンギン。誰かが飛び込むことで仲間は続き、群れは繁栄する。ファーストペンギンは一番多くの餌を得る）について話します。

　そして、実際の教室にはシャチはおらず、うまくいかなくても「失敗は成長の元」（90ページ）であったり、「単純に勇気があると思われる」ことであったり、とメリットしかないことも確認します。

　クラスに飛び込むペンギンの絵を掲示して、事あるごとに想起させると効果的です。**賢い子や人気のある子だけでなく、行事で人知れず努力している子やみんなのやりたがらない役割を引き受けた子を「これが、本当のファーストペンギン！」と価値づけすることが重要**です。

ステップアップ -

　学年当初や低学年の学級では大きい声で、教師が雰囲気をつくっていくことは大切なことです。ただ、中〜高学年では、いつまでもそれを続けていると、教師に依存し主体性が育たなかったり、子どもたちの一部が白けてしまったりします。クラスの旗振り役のファーストペンギンについても、この声かけで早い時期に発見し、教師はサポートに徹したいものです。

小さい声の効果

　小さい声のイメージとは、どのようなものでしょうか。実際に子どもたちに帰りの会で「小さい声って、どんなイメージ？」と聴いてみたところ（聴いた意図については後述します）、「大人しい」「元気のない印象」、「暗い」、「聴こえづらい」と、一見するとネガティブなものが挙げられました。ただ、これは大人に聴いても、そこまで大差のない答えが返ってくるのではないでしょうか。

　そのような中で、一人の子が「気になる」と言いました。「どうして気になるの？」と問うと、「いつも元気なのに、どうしたのかな？と、気になるかもしれない」と言ってくれました。その子の発言から、物事の表面だけでなく、裏側や内面を見ることの大切さに話は移っていきました（子どもたちに、「小さい声のイメージ」を聴いた意図は、この「物事の本質について」考えさせたかったからです）。

　さて、まさに子どもが言ったように「気になる」ということが、小さい声を駆使する上で大きな意味になります。特に、クラス全体に聞こえるように大きい声で話すことが多い教師が、小さい声で話すことがあれば、それだけで**日常の流れとは違うものを生み出すことができます**。

　例えば、「キーワードは○○」の○○の部分を少し小さい声で言ったらどうでしょうか。教室の集中力が維持されている状態なら「え？　なんて言ったの？」「声が小さいです」「ちょっと、周りがうるさくて聞こえなかった！」「もう一度、言ってください」など、分かりやすく、次の言葉に注目できるような場が整います。

　もし、集中力が弱い状態のクラスでも、頑張っている子は必ずいるので

「今、私はあえて、少し小さい声で伝えたのだけど、聴こえた人はいるかな」と問います。その中で、きちんと答えられる子を大いに認めます。また、重要なのは「聴きたかったけど、先生の声が小さ過ぎるんだよ！」という子への対応です。この子にも、「聴こうとしてくれたんだね。今この集中力を保つのが難しい時間に、まずその気持ちをもつことは大切なことだよね。○○さんに拍手！」などとしっかりと価値づけることが重要です。そして、「じゃあ、もう一度、今の声で言うよ。気持ちの準備はいいですか」と投げかけると、多くの子は集中力や意欲を取り戻します。当然、次に発する言葉の印象も強いものになるでしょう。

　このように、小さい声をバリエーションでもつことは、例えるなら野球のピッチャーが変化球を習得するようなものです。素晴らしいストレートをもつ投手でも、そればかりを投げていては、バッターに「慣れ」が出てきた時に打たれてしまいます。そこに変化球（小さい声）が入ることで、アクセントになり、ストレート（大きい声）がより生きてくるのです。

　小さい声には、**慣れを打破する**以外にも、**「個別化」**といった効果も期待できます。小さい声を使うことで「これはあなたにだけ伝えているんだよ」ということを表すことができます。

　ポジティブな内容ならその**親密度を高めることに寄与する**でしょう。ネガティブなことを全体の前で指摘することがあったとしても、その子にも、周りにも、「個人に対して言っていること。これは他人が口を出すことではない」と暗に伝えることができます。分からない子には「私はその子に小声で伝えていたよね。その意味が分かる？」と問うこともあります。

> コウテイペンギンの「コウテイ」を漢字で書けますか

（黒板：コウテイペンギン）

T　コウテイペンギンの「コウテイ」を漢字で書けますか。

C　漢字……？　カタカナだよね。

T　「肯定ペンギン」……実はこれは先生が考えた漢字です。

C　なんだぁ〜、びっくりした〜！

T　ファーストペンギンを肯定し、『いいね！』とすぐに続くものがないとファーストペンギンはただの変な人になってしまう（笑）

C　確かに（笑）サポート役なら私に合っているかも。

ねらい 「話題の転換」声のボリュームを落とし、話題の変化に気づかせると共に、再注目を促します。

場面 ファーストペンギンの理論（44ページ）を与えた後。子どもたちのフォロワーシップを育成したい時。

リーダーシップが発揮されるためにはフォロワーシップが必要であることを、「コウテイ」の漢字を考えさせることで意識づけします。

どんなにたくさんのよい発想が出ても、「えー」「意味分からない」と誰もそれに賛同してくれなければ、全ての意見は潰れていきます。クラスにネガティブな雰囲気が漂う時は、そのような挑戦に対してフォローが得られていないことが多いです。

そんな時に、肯定ペンギン（造語。ファーストペンギンを肯定し、後に続いたり、共感したりする）の重要性についての声かけを行います。ファーストペンギンの話をした後、すぐにコウテイペンギンの話もすると、クラスづくりに大きなプラスになります。

教師としては**リーダーシップ（ファーストペンギン）とフォロワーシップ（コウテイペンギン）**の両者があって、新しい価値が創造されることを押さえておきたいです。この声かけには、**引っ込み思案だけれど真面目な子を価値づけできる**メリットもあります。

ステップアップ -

話題が変わる時に、一旦、声を落とすことで、子どもたちは「あれっ」と思います。この「あれっ」には「話題が変わった」「ちゃんと聞かなくちゃ」という2つの気付きを子どもたちに与えます。特に、話が長くなる時には、語りが一本調子になると聞く側の集中力はどんどん落ちていきます。話題の転換で、ボリュームを落とすことは、それを少なくします。

最後は口パク忍者で

T　head shoulder knees and Toes〜♪

C　楽しい！

T　今度は速くしますよ。

C　まだまだ大丈夫！　面白いね〜！

T　今度は最高速度で行きますよ。

このスピードについてこられますか？

C　きゃー、速い！　あはは！

T　では、**最後は口パク忍者で**、すごーく、ゆっくり。

C　（ふぅ〜、少し落ち着こう）

ねらい 「沈静化」盛り上がっている雰囲気の中で、まず教師が先陣を切って落ち着いた声を出すことで、場を鎮静化させます。

[場面] 授業中。とても盛り上がった活動の最後に。終わった後にしっかりと落ち着かせたい時。

今までと正反対の指示を行い、楽しい雰囲気を保ったまま落ち着いた雰囲気にします。

授業が楽しいことは素晴らしいことです。主体性は「楽しい」の中に隠れていることが多いので、それを多く仕掛けられる教師は魅力的です。

しかし、活動がただ楽しいだけで終わってしまうのはよくありません。**最後は落ち着いた雰囲気の中で、しっかりと今日の活動を振り返る**ことで、得られた力を自分の中に落とすことができるのです。

また、テンションの高いまま、休み時間や下校に突入すると、クラスの実態によっては注意力が弱くなり、思わぬ怪我やトラブルが発生することもあるかもしれません。

そこで、楽しい活動の最後には、心を落ち着かせる時間があるとよいと考えています。それまでの「わー」というような教室の音が「しーん」となり、なおかつ楽しい雰囲気は継続することのできる「口パク忍者」はその目的を満たす声かけと成り得ます。

ステップアップ -

小さい声は沈静化に有効ですが、ゆっくりとした声も同じ効果があります。左では合わせ技で「口パク忍者で、すごーく、ゆっくり」と言っています。さらに言うなら、今までは「大きい声で速く」行っていた活動の正反対が「小さい声で遅く」となります。活動が正反対となることで、「雰囲気もさっきと正反対なんだな」と感じ取らせることが可能になるのです。

あなたの本気で答えてほしい

T　では、川崎市と比較して考えると、横浜市の人口はどのくらいでしょうか？

C1　川崎が100万人を超えていたから……。

C2　交通の便を考えると、200万くらいかな。

C3　はい！　100億兆人です！

T　根拠をもって真剣に考えている人が多いです。私も真剣に聞いています。だから、どうか**あなたの本気で答えてほしい。**

ねらい　「注目」あえて声の大きさを下げることで、変化が必要なことを示唆しつつ、注目を促します。

場面　授業中。発問の後に茶化すような雰囲気が見られる時。授業開きなどでルールを確立していく時期。

感情に訴えることで真剣に学習に向かう時にとるべき態度を気づかせ、相手意識を刺激し、学びに向かう力の素地をつくります。

　授業中に投げかけた言葉に対して、混ぜ返すように反応したり、茶化すような雰囲気になったりすることがあります。発問が悪く実態に合っていない場合や、ステップをうまく踏めていない場合には、そこを改善する必要があります。

　ただ、そうではなくて「何となく」「それが面白いと思って」と本人としては悪気なく、左のような受け答えをしてしまうことも少なくありません。これが常態化すると、クラスの真剣に学習へ向かう雰囲気はじわじわと悪化してしまいます。その子にとっても、相手意識のないコミュニケーション方法を選択することはよいことではないので止めさせたいものです。

　「あなたの本気で答えてほしい」は、**あえてボリュームを落として、冷静に伝える方が心に響きます。**大きい声で言われると反射的に反発したくなる気持ちが出ることもありますが、小さい声ならその心配もありません。

ステップアップ

　注目させるために小さい声を使う時には、言う前の「間」も非常に重要になります。小さい声で普通に話し出すと、何となくそのままスルーされてしまうこともあります。そうならないためには、話す前に、少し黙ることです。一瞬、間を取ることで「えっ、どうしたんだ！？」と思わせ、注目できる余白を心につくらせることが大切になるのです。

嘘をついたことがありますか

T みなさんは、**嘘をついたことがありますか**。

C ……。

T なかなか、答えづらい質問でしたね。

C1 嘘をついちゃったことはある。

T そうなのですね。正直者ですね。

C2 僕も悪い嘘もあるけど、よい嘘をついたこともある。

T 嘘にはよい嘘と悪い嘘があると言われています。みんなは、どう思いますか？

ねらい「緊張」少し声を潜めることにより、大きな声では言えないような緊張感をつくります。

場面 学級活動、道徳の授業。逆説的に話を展開していきたい時。物事の核心を突くような議論への導入。

「嘘」ということを慎重に扱うことによって、核心に迫る議論の入り口の雰囲気をつくっていきます。

誰もが、多かれ少なかれ嘘をついたことはあるでしょう。しかし、なかなか「自分は嘘をついたことがある！」と堂々ということは憚れます。ただのミスと違い、嘘は人間性に大きく関わりのあるものだからです。

嘘について考えさせたい学級活動や道徳では、**緊張度の高いものであることをあえて強調した上で導入を行います**。緊張度を高めるためには、大きい声であっけらかんと言うよりも、「とても大きな声では言えないんだけど……」というような感じで小さい声で投げかけることがよいでしょう。

そうすることで、その先の議論はリアルなものになります。ただし、「嘘をついてはいけない、と思います」のような表面的な部分ではなく、誰もが嘘はいけないと分かっている状況で、それでも嘘をついてしまうのはどうしてなのかを考えていく必要があります。そして、悪い嘘を極力避けるための今日からできる具体的な対策にまで目を向けさせたいです。

ステップアップ -

嘘には、よい嘘と悪い嘘があるという子もいます。例えば、髪の毛をカットして似合わないと思っていても「すごく似合っていると思うよ」と伝えるのは優しさだと言うのです。一方で、「友だちなら、傷つけないように伝えてあげることが本当の優しさじゃないの」という子もいます。正解を見つけるのではなく、多様な選択肢が出るように導きたいものです。

横を見ているように、見えて
しまっているよ

T　それでは、テストを始めましょう。 　（黙々とテストを取り組んでいる子が多い中、明らかにキョロキョロとしている子がいる） T　○○さん。	C　……なんですか？ **T　横を見ているように、見えてしまっているよ。** C　見ていません！ T　分かっています。そう見えてしまうと損だなと思って伝えました。

郵 便 は が き

1 1 3 8 7 9 0

料金受取人払郵便

本郷局
承認

3601

差出有効期間
2022年 2 月
28日まで

東京都文京区本駒込5丁目
16番7号

東洋館出版社
営業部 読者カード係 行

|ı|ı·||·ıı·|ı|ıı·|||····ı·|ı|ı|ı|ı|ı|ı|ı|ı|ı|ı|ı|ı|ı|ı·||

ご芳名	
メール アドレス	@ ※弊社よりお得な新刊情報をお送りします。案内不要、既にメールアドレス登録済の方は 右記にチェックして下さい。□
年 齢 性 別	①10代 ②20代 ③30代 ④40代 ⑤50代 ⑥60代 ⑦70代〜 男 ・ 女
勤務先	①幼稚園・保育所 ②小学校 ③中学校 ④高校 ⑤大学 ⑥教育委員会 ⑦その他（ 　　　　　　）
役 職	①教諭 ②主任・主幹教諭 ③教頭・副校長 ④校長 ⑤指導主事 ⑥学生 ⑦大学職員 ⑧その他（ 　　　　　　）
お買い求め 書店	

■ご記入いただいた個人情報は、当社の出版・企画の参考及び新刊等のご案内
のために活用させていただくものです。第三者には一切開示いたしません。

Q ご購入いただいた書名をご記入ください

（書名）

Q 本書をご購入いただいた決め手は何ですか（1つ選択）

①勉強になる　②仕事に使える　③気楽に読める　④新聞・雑誌等の紹介
⑤価格が安い　⑥知人からの薦め　⑦内容が面白そう　⑧その他（　　　　　　　）

Q 本書へのご感想をお聞かせください（数字に○をつけてください）

4：たいへん良い　3：良い　2：あまり良くない　1：悪い

本書全体の印象	4—3—2—1	内容の程度/レベル	4—3—2—1
本書の内容の質	4—3—2—1	仕事への実用度	4—3—2—1
内容のわかりやすさ	4—3—2—1	本書の使い勝手	4—3—2—1
文章の読みやすさ	4—3—2—1	本書の装丁	4—3—2—1

Q 本書へのご意見・ご感想を具体的にご記入ください。

Q 電子書籍の教育書を購入したことがありますか?

Q 業務でスマートフォンを使用しますか?

Q 弊社へのご意見ご要望をご記入ください。

ご協力ありがとうございました。頂きましたご意見・ご感想などを SNS、広告、宣伝等に使用させて頂く事がありますが、その場合は必ず匿名とし、お名前等個人情報を公開いたしません。ご了承下さい。

ねらい 「秘密感」小さい声で言うことにより、「この言葉はあなただけに向けられたものである」と暗に伝えます。

> 場面 話している子と秘密感を共有したい時。ほかの子に聞かせる意思がないことを強調したい時。

カンニング行為に対して、「疑っている感」を極力少なくした上で、釘を刺すことが可能です。

テストなどを行うと、カンニング行為が起こることもあります。すごく分かりやすいカンニング行為でない場合、「何だか怪しいな、でも決定的なことはないし……」と悩むことがあるでしょう。またどんなに決定的でも、声かけ次第では「疑われた！」と後々角が立つことがあります。

どちらの場合でも「横を見ているように、見えてしまっているよ」の声かけが有効です。「見てませんよ！！」と返されても、「うん、分かっているよ。だからこそ、そう見えちゃうことがあれば損だから伝えたのだよ」と言うことができます。

さらには、高学年の児童は、その会話を周りの子に聞かれること自体がリスクであると考える子もいます。**「先生は、周りの子には聞こえないように小さい声で気を遣って話してくれているのかもしれない」と後からでも思えるように、小さい声で伝えることが大切**になります。

ステップアップ -

カンニング行為はサインです。その行為自体を咎めることも時には必要ですが、そうさせてしまう背景には何があるのかを知りたいところです。表面的なことにしか価値を得ることのできない幼さなのか、保護者からの圧力なのか、原因を知ることでその子自身が見えてきます。教育現場は、マイナスがチャンスに変わる素敵な世界だと考えています。

これは、みんなにだけは伝えておくけれど

C1　先生って、いろいろできるよねー。

C2　まあ、大人だから当たり前じゃん。

T　いや、実はね……いや、やっぱりやめておきましょう……。

C3　えー、そこまで言ったなら言ってよー。

T　そうですね。じゃあ、**これは、みんなにだけは伝えておくけれど**……私はカエルが触れないんです。

ねらい 「近距離」子どもたちとの心の距離を縮める一歩として、まずは物理的な距離が近い状態でしか聞こえない声で話します。

[場面] 子どもたちとの距離を近づけたい時。子どもに安心感を与えたい時。

自己開示を行うことで、子どもたちとの距離を縮め、「完璧でなくても大丈夫」という安心感を与えます。

　大人は何でもできる、というイメージをもつ子もいます。それゆえに、教師に対して無意識に距離ができることがあります。教師であろうと、長所や短所、得手不得手、好みなどがあると知らせ、同じ人間なんだと感じさせることは、親密感を高める上で重要です。身近な大人である保護者は、愛情という絶対的なバックボーン以外にも、生活の中でそのような人間味を子どもに見せていることがほとんどなので、子どもたちは距離を感じずに接することができるのです。

　「これは、みんなにだけは伝えておくけれど」と自己開示することで、教師は一気に子どもたちの側に降りていくことができます。**心の距離を縮めるためには、まず物理的な距離を縮めることを入り口にすることが有効**です。そのためには、**小さい声で伝える必要**があります。開示する内容は、当たり障りのないものを考えておくとよいでしょう。

ステップアップ -

　この声かけは、何かに不安をもつ子への処方箋としても有効です。例えば、生活科の時間の前に「虫が大の苦手……」と考える子がいたら、「実は私は虫が触れなくてね。大丈夫な子に任せていい？」と投げかけます。「『触れない』と堂々と言っていいんだ」と安心の材料にさせることができます。「○○さんができない」ではなく「先生ができない」としておくのです。

1秒で賢くなれる方法を知っていますか

ピシーッ

T みなさん、**1秒で賢くなれる方法を知っていますか**。

C1 1秒！？

C2 そんな方法があるのなら、勉強する必要はないです。

T 確かに、勉強で身につける知識とはまた違うのですが、頭が冴えたり学習の効率がよくなったりする方法です。

C3 なんだろう……。

T それは姿勢をよくすることです。科学的に話していきましょう。

ねらい　「鋭さ」小さい声で話すことにより、思慮深さを示し、これから話す内容の説得力を高めます。

場面 授業中。子どもたちの身体の姿勢を改善させたい時。根拠をはっきりさせて話をしたい時。

姿勢を正すことの意味を、精神論ではなく、科学的な根拠をもって子どもたちに伝え、納得させます。

　教員が子どもたちの姿勢について言及する際に、精神論が多く説かれます。「その方がやる気が出るから」「まず態度としてきちんとすることが大切だ」。確かにその側面は大きいのですが、子どもとしては「姿勢をよくしようが、やる気が出ない時は出ない」という気持ちをもつこともあります。

　そこで、「姿勢をよくすることで血流が改善されて、脳に酸素がよく回るようになる」「足は第二の心臓と呼ばれていて、足を地面までしっかりとつけているとさらによい」「科学で考えても、よい姿勢の方がよさそう」と展開していきます。集中力の面でも、悪い姿勢ではすぐに疲労が溜まったり、筆記の際に不都合があったりするなどデメリットが高いことを伝えると、より納得感が強くなります。

　小さい声で、伝えることで、**思慮深いような印象を与えることができ、より話を受け入れやすい雰囲気をつくる**ことができます。

ステップアップ -

　姿勢を正すことは、形から入るよさを示す時にも使えます。どうしてもやる気が出ない時に、あえてとてもよい姿勢で数分取り組んでみることで潜在意識は「こんなによい姿勢で行うということは、とても重要なことだ。やる気を出そう」と認識します。形から入り、脳をだまして、モチベーションを得ることは「裏技」として子どもたちに伝えています。

もったいない

T　今回、あなたは、軽率な行動から大きな失敗をしてしまいましたね。そのことについて、どう思っていますか。

C　……。

T　もう少しで大きな事故になる大変危険なことでした。

C　……。

T　本当に**もったいない**。あなたは人の気持ちがよく分かる優しい人です。一緒に原因を考えましょう。

C　実は……。

ねらい 「個別化」ほかの誰かではなく、あなたに対して伝えているという思いを強調するために小さい声を使います。

<u>場面</u> 「あなただからこそ」という思いをしっかりと伝えたい時。子どもに心を開かせたい時。

行動は否定しても人格は肯定していることを示し、子どもの中の素直さを引き出します。

小学生に圧力をかけて叱ることは、短期的には有効なこともありますが、長期的にはあまり意味がありません。反省したふりをさせても、子ども自身が本当に変わろうとしなければ、また同じことは起きてしまうからです。子ども自身が変わろうとする瞬間をつくるためには、人格の肯定や共感が大切になります。

「もったいない」という言葉の裏には「あなたは、本当は素晴らしいものをもっているのに……」が隠れています。それまで心に響かなかったのは「自分のために言ってくれている」という思いが届かなかったからです。必要なことは伝えなくてはいけませんが、「もったいない」をきっかけとして人格の肯定や共感にシフトすると、子どもの心を柔らかにすることができます。

小さい声には**「素晴らしいあなたにだからこそ、あえて苦言を呈するのだ」という個別化、特別化をより促進させる効果**があります。

ステップアップ -

厳しく叱る際に、私が気をつけているのは、子どもに逃げ道を用意しておく、ということです。もちろん、指導を中途半端にするという意味ではありません。しっかりと話す中で、最後は「でも、辛かったんだよね。気持ちは分かるよ。あなたはそんな子じゃないことを私は知っている」と、心情的に救いがあるようにしておくと、子どもの素直さを引き出せます。

高い声の効果

　前述した大きい声、小さい声を使い分けることは、既に多くの先生が実践しています。これは、そもそも日常の生活でも TPO に応じて、「声を大きくしないと聴こえない」とか「ここまで静かだと、よっぽど小さな声で話さないと迷惑になってしまう」など自然に使い分けることが多いからです。しかし、この先で紹介する、高い声、低い声については、意識していない人が多いのではないでしょうか。多くの先生方が様々な場面で話されているのを聴いていても、同じような音域であることがほとんどです。

　ただ、トップクラスの先生の授業を観たり、音声を聴いたりすれば明らかですが、子どもたちを惹きつける話し方をする教師は、声の高さの幅が広いです。落語家を想像すると、さらに分かりやすいと思いますが、**話の内容を立体的に表情豊かに表現する**には、声の高低を巧みに駆使することが必須となります。そして、多くの先生方があまり意識していないということの裏を返せば、その技術を習得することは、あなたのストロングポイントになり得るということです。

　ここで、まず紹介するのは、高い声です。皆さんは、高い声を使う有名な方だと誰を想像するでしょうか。私は、元ジャパンネットタカタ社長の高田明さんが思い浮かびました。高田さんは、商品を紹介する時に、肝になる説明の部分では、とても高い声を使っています。高田さんは、すごく喋りが流暢であったり、滑舌がよかったりという印象はありませんが、一度聞いたら忘れることのできない語りが特徴です。その要因は、**高い声によるインパクトの強さ**なのではないかと考えています。

　当然、高田さんも普段からあの喋り方ではないと思います。強いイメー

ジを与えるために「役者」になっているのでしょう。この「役者」になる
ということは教師にも求められることです（「教師は五者たれ」《学者、役
者、易者、芸者、医者》という言葉があります）。明るく元気に振舞った
り、キーワードを印象づけるために大袈裟に伝えたりと、「役者」になる
時に高い声は役に立ちます。

　また、**高い声とは子どもの声である**、ということも重要な事実です。男
子は小学生であれば、まだ声変わりが始まっていない子が多く、高い声で
話す子がほとんどです。また、女子も声変わりをしますが、低・中学年で
は、より高い声の子が多いです。高い声で話すということは、自分を子ど
もに寄せるという意味です。例えば、子どもたちと遊んでいる時には、「同
じ目線」を大切にしたいのであれば、低い声よりも高い声を出した方が子
どもたちは親近感を覚えるでしょう。声の出し方に限らずですが、このよう
に大人のほうから子どもに寄り添うということは重要です。そして、実際に
寄り添うことは言うほど簡単ではなく、誰にでもできるわけではありません。

　さらには、高い声には**「深刻になりすぎない」**という効果もあります。
私はこの効果を、様々な場面で使っています。低学年では子どもたちに
「大好きだよ」と伝えることがありますが、これを低い声で伝えると、少
し怖いかもしれません。また高学年では「もう分かっているよ！」と思わ
れることでも、繰り返し伝えていかなくてはならないことについては、あ
えて深刻さを出さない高い声を使う場合が多いです。

　ただ、高い声を不快に思う人も少なくありません。終始高い声を使うこ
とは避けた方が無難です。ここぞという場面で効果を意識しながら使うこ
とで、豊かな個性を表現できるものになるのです。

ハハハ、面白い！　なるほど〜、これは……、うんうん

T　これについての理由を説明でき
　る人はいますか?

C　はい!　分かります!

T　では、お願いします。

C　これは○×△で、×○△だから
　だと思います。

T（うーん、そうきたか。これは
　困ったぞ。さて、どうするかな。）
　……ハハハ、面白い!　なるほど
　〜、これは……、うんうん。 今の
　○○さんの意見を、自分の言葉で
　言い換えてみましょう。

ねらい 「明るさ」高く響く声を出すことにより、ポジティブな感情であることを強調します。

> 場面 教室に明るくポジティブな空気を広げたい時。教師が返答に窮するような意見が出された時。

すぐに返しを思いつかない時に、ポジティブな雰囲気を保ちながら、時間を稼ぐことができます。

お笑い芸人の明石家さんまさんは、場を回す天才です。そんなさんまさんでも、全ての場面に対応することは難しいと言います。そんな想定外の投げかけがあった時に、さんまさんは、とにかく笑うそうです。そうすることで、返答を考える時間が稼げますし、「ちょっとおかしな雰囲気」になりそうな発言や態度に対しても「これが面白いんだよ」と暗に伝えることで、笑いを成立させることができるのです。

教師も同じで、少し個性的な子が変わったことを言う場合では、うまく受けないと、教室の雰囲気が悪く変わってしまうことがあります。それを「ハハハ、面白い！　なるほど～、これは……、うんうん」と言いながら**肯定的な空気をつくりながら、全体の学びとして成立できる返しを考える**のです。

高い声を出すことで、明るくポジティブな雰囲気を強調することができ、「困った発言」ではなくすることができます。

ステップアップ -----------------------------------

高学年に近づくと個性的な発言をすることで、アイデンティティを発揮しようとする子もいます。授業中に上記の声かけをすると、それを増幅させてしまうのではという声もあるでしょう。しかし、それを全体の中で暗に指摘することは、その子にとっても集団にとってもマイナスしかありません。関係ができてから、個別に少しずつ伝えていくことがよいでしょう。

種類
大きい
小さい
高い
低い
速い
遅い
声‥「ハハハ、面白い！　なるほど～、これは……、うんうん」

067

いいね、○○さんの気持ちが分かる人いる？

T　では、○○さんの意見を教えて
　　ください。

C1　はい。この文章に、最後の場
　　面は必要だと思います。理由は○
　　○で○○だから○○で……。
　　（少し説明が長く、分かりづらく

　　なってしまう）

T　いいね、○○さんの気持ちが分
**　　かる人いる？**

C2　分かります。つまり○○とい
　　うこと？

C1　それが言いたかったの！

ねらい「流動感」高い声を出すことで、場に新鮮味を取り戻させ、失ったテンポを復活させます。

場面 授業中。授業の雰囲気が停滞しつつある時。子どもの説明に、まとまりがないと感じられた直後。

冗長な説明に対して、自分事感とテンポを取り戻させることで、分かりづらい説明もしっかりと後の学びに結びつけます。

大きい声の「この問題を間違えるとしたら、どんなパターンがありそう？」（30ページ）のステップアップでも紹介しましたが、この声かけは私が必殺技と言えるくらい多用しているものです。

元筑波大学附属小学校の細水保宏先生から、この声かけを学びました。細水先生は、この声かけを行う時には、決まって高い声で伝えていました。今、考えてみると、その理由は、**停滞した雰囲気を一旦断ち切り、新鮮さを取り戻させるため**であったように思います。

またこの声かけを多用すると「長ったらしい何だかよく分からない説明は自分とは関係ない」という気持ちが少なくなり、「あの子は一体何を考えているのだろう。自分だったら、どのように説明をするのだろうか」という自分事感を醸成することができます。生涯にわたって大切な力である相手意識を育成することのできる声かけの一つであると考えています。

ステップアップ -

「教科を教える」のではなく「教科で教える」ということが言われて久しいです。「教科で教える」内容は、点数で表せたり、できる・できないがはっきりとした技能であったりではなく、相手意識のような生きる力に直結するものです。そのための入り口として分かりやすいのが、上記の声かけなどを使い「授業で学級経営する」ことを意識することだと考えています。

声⋯「いいね、○○さんの気持ちが分かる人いる？」

今、腹が立った人は大丈夫

C1 練習もけっこうできてきたし、発表会、もう大丈夫だよね。

C2 そうだね、そろそろ手を抜いても平気そう。

T はっきり言っておきましょう。このままでは発表会は、やらない

ほうがいいかもしれない。

C3 え！？

T **今、腹が立った人は大丈夫**。発表会を通じて成長したい、という思いがある人です。発表会の意味を今一度確認しておきましょう。

ねらい　「大らかさ」重く深刻になりがちな雰囲気を打破し、子どもたちの心を広く大きく受け入れていることを示します。

　　[場面] 強い指導を行った直後。子どもたちの感情をしっかりと受け止める大きさを示したい時。

伝えるべきことをしっかりと伝えた後に、声かけを行うことで子どもたちの素直な心を認め、プラスの方向に向かわせます。

　どうしても、強い指導を行わなくてはならない時があります。しかし、その強さだけを受け取ってしまう子は「怒られた」「嫌な言い方をされた」だけが残ってしまい、指導が届かないことがあります。

　そんな時には、その**強い指導に対する反発を、子どもたちのプラスに向かおうとする心として認める**声かけが必要になります。「今、腹が立った人は大丈夫」。これは、サッカー選手の中村俊輔さんが大事な試合の前（2018年Ｊ１参入プレーオフ）に、チームメートに実際に行った声かけです。この試合でチームは浮足立つことなく、２-０で勝利を収めています。

　この声かけは、高い声で発すると効果的です。大きい声や速い声では逆効果になってしまいますし、低い声や小さな声、遅い声でも「先生は、やはり怒っているかも……」という想像ができてしまいます。あえて叱ったということが強調できる、変化のある高い声で大らかさを演出したいです。

ステップアップ -

　叱る時には、人格を肯定することで、指導内容が子どもの中に落ちやすくなります。何度指導してもなかなか変われないのは、「むかつく」「怖かった」しか子どもの中に残っていないからであることが少なくないです。「あなたはそんな子ではない」「あなたは成長していける人」などの言葉も使い、まずは人格を認めることから始めていきたいです。

たまたまでしょ

C　長方形の半分と考えることができるので、三角形の面積は『縦×横÷2』で考えることができます。

T　なるほど、この三角形では偶然、そのように考えることができるのですね。

C　偶然ではないです。

T　いやいや、全部同じだなんて、そんなことがあるんですか？　**たまたまでしょ。**

C　だって、ほかの、このような三角形の時には……。

ねらい 「逆張り」本気で言っているという感じではなく、あえてそう言っていることを伝えます。

[場面] 授業中。わざと教師が間違えてみせる時。子どもたちに「いつもの展開」を示したい時。

算数で公式や法則性を確立したい時に、あえて逆に振ることによって、その証拠となるものを子どもたちから出させます。

「たまたまでしょ」とあえて逆に張ることで、子どもたちから「だって……」という言葉を引き出します。「だって……」の先には、子どもなりの理論が存在します。拙い言葉でも言語化することを試みる子がいたならば、前に紹介した「いいね！　○○さんの気持ち分かる人いる？」（68ページ）でさらに共有を図ります。

これは、具体的な考えを抽象的にまとめたい時に便利な声かけです。例えば、公式を与える時に、教えてしまうのは簡単なことですが、「だって、Aでもこうした、Bでもこうした、Cでも……。だから、同じルール」という帰納的な考えに対して「それって、どんなルール？」と聞けば、もうゴールは近いです。また、授業の最後にまとめを書く際にも、「だって……」の先をそのまま書くことができます。

その時は真実味を出し、後からは「あえて」言っていることが分かるように、飄々とした高い声で伝えたいです。

ステップアップ -

子どもたちは繰り返しの話が好きです。ある程度、見通しのもてる安心感があるからです。子どもに限らず、水戸黄門や半沢直樹といったドラマは、予定調和があるからこそその楽しさで人気を博しています。この「たまたまでしょ」も繰り返し言うことで、「またやってるな！」感が出ます。こうなると、子どもたちは安心して、楽しい授業に没頭することができます。

全生物で、四捨五入するなら先生は福山雅治

💬 ——————————

C1 アイドルの○○かっこいいよね。

C2 ねー、○○くんもすてきだと思うの。

T 分かる分かる。私は、○○が好きだなー。

C1 確かに！　歌も上手だしね。

C2 先生も、○○を見習った方がいいよ。最近、よりおじさんっぽくなってきたし。

T いやいや、**全生物で、四捨五入するなら先生は福山雅治！**

ねらい　「笑い」楽しい場面を演出するために、楽しい笑い声と同じ声質である高い声を使います。

　　　　　[場面]　休み時間など。楽しく面白い場面であることを示したい時。子どもたちとは少し違う笑いを提供し、ネガティブさを回避したい時。

楽しい場面で、楽しさを維持したまま、下品にならない個性的な切り返しをします。

　休み時間に子どもたちのそばで話をする時には、心情的には授業中よりも、もっと子どもたち目線で話をするようにしています。スポーツやゲーム、アイドルの話などに加わり、時には教わりながら、子どもたちとの心の距離を縮めていきます。

　ただ、そのような時でも当然ですが、人の悪口を言う、ネガティブな話題の提供、下品に落ちる、などのことはないようにしています。輪の中にいて、子どもたちがネガティブに向く時には、「違う笑いで消す」を試みます。「全生物で、四捨五入するなら先生は福山雅治」はまさにそれで、そう言うと「四捨五入の使い方間違っているよ！」とか「そんなこと言ったら、誰だって当てはまるじゃん！」などと、誰かを悪く言おうとしていたエネルギーを違う方向に向けさせることができます。**あくまで楽しい場面を演出することが重要で、そうするためには高い声を使うことが最も適しています。**

ステップアップ -

　「違う笑いで消す」を教師が使うと、見ている子どもたちもその方法を学びます。いちいち強い衝突をしなくても、場を乗り切れる方法を一つ示すことになるのです。ただ、本当に嫌な時の対処の仕方や、ネガティブな会話でしか盛り上がれない空しさは、別で伝えておく必要もあります。

円陣を組もう

C1 いよいよ、運動会本番だ。

C2 みんなで頑張ってきたから、きっと大丈夫！ 先生、僕から、みんなに向けて言いたいことがあります。

T どんな内容をどんな形で伝えたいですか？

C2 『頑張ろう』ということをできるだけみんなの近くで！

T 分かりました。ではみんな、**円陣を組もう！** その中心に行って、みんなに話をしてください。

ねらい 「盛り上がり」テンションを上げ、みんなの心を一つにするために、大きく高い声を使います。

場面 行事など。集団の雰囲気を盛り上げたい時。子どもたちの心を一つにしたい時。

集団の力で何かに向かう時に、円陣を組むことで、全員の心の方向を整えます。

行事などの際には、子どもたちに、個人の頑張りと同様に、集団で行ったよさを感じてほしいと思っています。集団のよさとは、一人ではできないようなものを完成させるだけではなく、多くの人が同じ方向を向いた時の一体感を感じることも含まれます。

円陣を組むことは、物理的な距離を近づけること、声を揃えることで、一体感を感じることのできるよい方法です。**「いくぞっ」「おー」だけでも効果抜群**です。そのうち、そのクラスだけのオリジナル円陣ができると、さらに絆は深まるでしょう。その姿を写真に撮っておき、クラスに掲示しておくと、いつでもその一体感を思い出すことができます。

場を盛り上げるためには、高い声を使うとよいです。動画などで見ることもできるロックバンドのパフォーマンスはとても参考になります。ライブの高揚感や一体感を演出するため、大きく高い声で観衆に呼びかけています。

ステップアップ -

オリジナル円陣には、足でダンスをしたり、ぐるぐる回ってジャンプをしたりというものがありました。クラスのリーダーシップのある元気者に、考えてもらうとよいでしょう。難しくなく、シンプルである方が、むしろ効果的であることは伝えておきます。また、最後は大きな拍手で終わると、メリハリも出て、よい雰囲気で活動に向かうことができます。

> 自分より、ほんの少しだけ上手な人を見つけよう

T 今日はノートをまとめる学習だったので、最後に1分だけノート見学会をしましょう。

C よし、上手な人を見つけるぞ。

T そうですね、友だちのよいところを見つけるのは大切なことです。そして、できたら**自分より、ほんの少しだけ上手な人を見つけよう！**

C どうして？

T 次の時間からすぐ真似できることが、手に入るからです。

ねらい 「強調」伝えたい部分だけ高い声にすることによって、内容を強調して子どもの心に届かせます。

場面 授業中。物事のポイントを示す時。子どもたちの集中力をも高めて、話を聞かせたい時。

自分と近い力の友だちを見つけさせることにより、目標を明確にして、すぐに変われるきっかけを掴ませます。

ジャパネットタカタの髙田社長は**「強調」**の天才です。テレビ CM の短い時間の中で商品のよさが効果的に伝わるように、様々なテクニックを使っています。その中でも、特に印象深いのは、あの高い声ではないでしょうか。ただ、よく聴くと、髙田社長も終始あの声で話しているわけではなく、**ポイントとなる場面で使用**しています。表舞台からは去られましたが、動画などは残っているので、見てみると教師としても勉強になります。

「自分より、ほんの少しだけ上手な人を見つけよう」の声かけは、明確な目標を設定させる上で有効です。上を見ても下を見ても切りがないですし、どうしていいか分からないと、結局「すごいなー」や「自分は案外できている」という感想だけで終わってしまいます。

最初はもう少し具体的に「次の時間から、自分が使えるテクニックを探そう」という声かけでもよいでしょう。

ステップアップ

動画を見ることはインスピレーションを得る一番簡単な方法ではないでしょうか。私は筑波大学附属小学校の先生方の授業 DVD を毎日のように観ています。また職種は違っても講演家、落語家など喋りのプロの動画は大変参考になりますし、前述した髙田社長やロックバンドなど影響力のある人からは必ず学べるものがあります。

種類
大きい
小さい
高い
低い
速い
遅い
声‥「自分より、ほんの少しだけ上手な人を見つけよう」

079

○○さんが言ってくれたように

C1　○○で○○だと私は思っています。

C2　私は、☆☆で☆☆だと思う。

T　なるほど、まず**C1さんが言ってくれたように**、○○という考えは確かにありますね。

C1　（先生に名前を呼ばれて、認められた感じがする）

T　**C2さんが言ってくれたように**☆☆という考えもあり得ますね。

C2　（みんなの前で名前を言われた。嬉しい）

ねらい 「同意」私が嬉しい気持ちになっていることを示し、それがあなた（子ども）の行動によるものであることを明確にします。

場面 その子を認めたい時。全体の前で、その子のよさを暗に伝えたい時。

直接的な言葉で褒めなくても、認めていることが子ども本人に伝わり、また全体にも伝わります。

名前を呼ばれると、人は特別感を感じます。それが多くの人の前であればなおさらです。ロックフェラーに続いて史上2番目の富豪とされる実業家アンドリュー・カーネギーは、従業員の名前だけでなく下請け会社の社員の下の名前まで覚えて呼んだそうです。（『人を動かす』D・カーネギー著）

この方法は、**子どもを間接的に褒めることができます。**高学年になると、みんなの前で「〇〇さんは素晴らしいね」と直接的に褒めると、逆に「わざとらしい」と反発されたり、周りの子から「〇〇ばかり、贔屓されている」となってしまったりします。「〇〇さんが言ってくれたように」と声かけして名前を呼ぶことで、本人に認められ感を与え、周囲の子にも自然にその子が認められていることを受け入れさせることができるのです。

「あなたのおかげで、この場がよくなっている」ということを表現するために、喜びの際に発せられる高い声を使いたいです。

ステップアップ -

私はこの声かけを、職員会議や保護者会でも多用しています。若手の頑張っている先生に「〇〇先生が、そうしてくれているように」だったり、保護者会の成立に尽力してくださった保護者に「〇〇さんが、素晴らしい場を提供してくれたように」だったり、あえて名前を呼ぶようにしています。そうすることで、その人の周囲からの評価も自然と高まります。

忘れ物はだいたい
何とかなる

C　先生……。

T　なんでしょうか。

C　筆箱を忘れてしまいました……。

T　なるほど、そうだったのですね。では、どうしましょうか。

C　（泣き）

T　大丈夫です。これは大人になれば、みんな知っていることなんだけど、**忘れ物はだいたい何とかなる**。一緒にどうするか考えましょう。

C　先生、筆箱を忘れたので、鉛筆と消しゴムを貸してください。

> **ねらい**　「親近感」子どもたちが発するのと同じ高さの声を使うことで、身近であることを印象づけます。
>
> 　　[場面] 落ち込む子に、安心感を与えたい時。子どもたちとの距離を縮めたい時。

忘れ物をした時には、落ち込むのではなく、前向きに反省することが重要であることを示します。

　忘れ物をしてしまった時には、多くの子が「どうしよう……」という思いで伝えにきます。そこで、叱って気づかせることもありますが、それはあくまできっかけです。忘れ物をなくすためにはどうすべきなのか、という具体的な助言がなければ指導とは言えません。

　私は忘れ物をした子に対して、「明日忘れない方法」「今後忘れない方法」「今日どうするのか」を考えて、言いに来るようにさせています。特に重要だと思うのが「今日どうするのか」という部分です。「忘れ物はだいたい何とかなる」と声かけすることで、安心感を与えると共に、この窮地を脱するためにはどうすべきかを考えることができるようになります。

　声変わりをしていない子どもは高い声をもっているので、**教師も同じように高い声を使うことで親近感を与えることができます**。ですから、子どもも自分事として考えやすくなるのです。

ステップアップ

　高い声が子どもの象徴だとすれば、低い声は大人の象徴です。子どもとあえて線引きを明確にしたい時や、大人としてしっかり伝えておかなくてはならないことがある場合には、逆に低い声を意識するとよいでしょう。その時のために遊ぶ時は意識して高い声を出しておくなど、意図的な使い分けをすることは、声かけの重要なテクニックとなります。

低い声の効果

　みなさんは、自分の声を録音して、実際に聴いてみたことがあるでしょうか。教師が授業力を向上させたいと思った時に、手法としては一番手軽にできるのが、この方法です（手法としては、と言っているのは、メンタル的なハードルが意外と高いからです）。私は、車で通勤をしているのですが、その日の自分の授業音声を Bluetooth で飛ばして聞きながら帰ることが多いです。

　まず、これを行った時に最初に抱く感想が「自分って、こんな声だったの！？」ということです。そして単純に「恥ずかしいな」とも思いました。ただ、恥ずかしいだけで終わってしまっては、せっかく録った意味がないので、どうして「恥ずかしい」のかということも考えてみました。そして、至った結論は、自分が思っていたよりも高い声を出している、というものでした。同僚に、そのことを話すと何人かの若手の先生も、自分の授業を録音することを試してくれて、一様に「思っていたよりも声が高い」という感想を抱いたそうです。

　このように、自分でさえ「高いな」と感じるのであれば、それを毎日聴いている人は同じ以上の感想を抱いているのかもしれません。ただでさえ、日本人は世界の中でも高い声を扱っているという調査結果もあります。

　一方で、**落ち着き**、**知的さ**、**リーダーシップ**などがあるように思わせる声の種類は「低い声」なのだそうです。バラエティーでは、高く楽しげな声を出しているアナウンサーも報道番組では低い声を出しています。ドラマに出てくる大企業の重鎮は地を這うような低い声ですし、プレゼンテーションのように相手の行動を変えることが目的の場面でも低い声が推奨されています。

よって、私は教師の発声の基本は、通常の自分の声よりも少し低い声を出すことだと考えています。

　まず、前述したように自分がどのような声を出しているのか、知ってみることです。初めは恥ずかしいのですが、私は3回目にはもう慣れていました。逆に言うなら、最初の印象をしっかり心に刻んでおかないと、自分の違和感のある声にすら「慣れて」しまうものなのかもしれません。やはり、最初は恥ずかしくとも、しっかりと自分の声と向き合いたいものです。

　ただ、「高い声を出している。少し低くしよう！」と気づいても、低く出すということは意外と難しいものです。合唱などを真剣に行ったことがある人は分かると思いますが、高い声を響かせるよりも低い声を響かせる方が、難易度が高いのです。録音をして心地のよい音域を探したり、低い声でのハミングを繰り返したりして、低くても響く声を模索していくしかありません。

　「そこまでしなくても……」「指導や手法が適切であれば、声など些細なもの」と考えられる方もいらっしゃると思います。しかし、私は、教師は、アナウンサーや講演家と同じく「喋りのプロ」だと思っています。この喋りが幼く説得力のないものしかできないのであれば、せっかくの適切な指導の効果も落ちてしまうかもしれません。また、教師は第一印象が非常に重要な仕事でもありますが、そこで損をしてしまうことも出てきます。身なりを整えるように、**心地のよい響く低い声**を実装したいものです。

　低い声は大人と子どもの線引きをさりげなく示すという意味で、特に若い先生は身につけておくと、適切な距離感で指導をしやすくなります。

意志の弱いものが真似をする可能性がある

T　廊下はなぜ走ってはいけないか、分かりますか。

C1　叱られるから。

T　なるほど、気持ちは分かります。でも、叱る人がいない時には走ってよいですか？

C2　人とぶつかってしまうかもしれない。相手も自分も怪我をしてしまうから。

T　そうですね、そして、考えが浅いものや**意志の弱いものが真似をする可能性がある**。

ねらい 「落ち着き」話し手の印象を落ち着いているように見せると共に、場の雰囲気を落ち着かせます。

場面 落ち着いた印象をもたせたい時。落ち着いた雰囲気の中で、深い思考をさせたい時。

走ってはいけない理由について考えることで、多方面への配慮の仕方について学んでいきます。

　走ってはいけない理由について考えさせると、まず表面的に物事を捉えている子は「怒られるから」がスタートになります。しかし、それを否定するのではなく、しっかりと認めることで「怒られるから」を脱却させることが必要です。

　その次の段階は、「自分が怪我をするから」「友だちが怪我をするから」に続きます。こうなると少し相手意識も出てきます。ただし、「言えること」と「できること」の間には、とても大きい隔たりがあるので、繰り返し様々な角度からの指導が必要となります。

　そして、思考が進んでいくと第三者についても考えていけるようになります。考えが浅い子や意志が固まっていない子が安易に真似することを、考慮できるようになるとよいです。その思考に導くために、**教師は遊びの場面とは逆の低い声で、子どもの心に落ち着きを与えたい**です。

ステップアップ -

　思いやりを行動にするためには、どのように指導を行えばよいのでしょうか。まず、日々の生活指導や道徳の授業などで、人の心の機微を感じるような刺激が必要です。しかし、それだけではなく、子どもの扱う世界を広げていくことも大切です。この声かけの解説で書いたように、自分→相手→第三者、というように教師が段階を意識することが重要なのです。

好き、嫌いで分けると、可能性が逃げてしまうかもしれない

C 算数、嫌い。

T **好き、嫌いで分けると、可能性が逃げてしまうかもしれない**です
よ。

C 可能性が逃げる？

T 嫌い、と切り捨ててしまった中に楽しいことや学びになることが隠れているかも。

C じゃあ、国語が好き、はどう？

T 前向きでよいですが、その中で、よさ悪さを考えていくことも大切ですよ。

ねらい 「聡明」低い声を出すことで、成熟した雰囲気を演出し、理論に説得力をもたせます。

> 場面 子どもが今もっている考えとは、違う考えを提示したい時。賢さを演出したい時。

「好き、嫌い」のような主観だけでなく、「メリット、デメリット」の視点をもたせることで、客観的な思考の芽を与えます。

　よく子どもは「○○先生が嫌い」と言います（当然、本人の前では言いませんが、それを聞く機会はあるのではないでしょうか）。その際、子どもに助言するのは、「嫌い」という言葉で全てを閉ざしてしまうと、ほかのよさも全てシャットアウトしてしまう可能性があるのではないか、ということです。

　では、「○○先生が好き」はどうでしょうか。これは、盲目的な危険があります。○○先生も人間である限り、欠点はあるはずです。それを俯瞰的に見て「好き」と言っているのであればまだよいですが、そうでない場合が多いです。「好き」は前向きな言葉ではあるので、ついついその言葉にあるデメリットをスルーしてしまいがちです。

　物事に好悪をもつことも時に大切ではありますが、「メリット、デメリット」という考えも与えておきたいです。**子どもたちが新しい考えに触れる時は、低い声を使うことで、聡明さを演出する**ことができます。

ステップアップ

　どんな物事もメリットとデメリットがあり、表裏一体です。ですから、例えば、クラスで最悪と思える出来事があった場合にも「問題がはっきりした」「これ以上、悪くなることはない」と考えることができます。教師自身が、このような思考にするためには、「裏を返すと」「逆から考えれば」などの言葉を口ぐせにするとよいでしょう。

失敗は成長の元

C　何度やっても縄跳び、うまくいかない……。

T　大丈夫!　**失敗は成長の元**、です!

C　失敗は成功の元、じゃなかったっけ。

T　よく言われるのは、そうです。でも、成功にこだわると、結果だけに目が行ってしまい、成功しても失敗しても成長できなくなってしまうかもしれません。

C　そっかぁ、成長にこだわろう。

ねらい 「説得力」低い声でじっくりと話すことで聴きやすい声になり、考えが心に落ちやすくなります。

場面 話の中身までしっかりと理解させたい時。独自の考えを提案する時。

もともとある言葉をあえて崩して伝えることで、よりメッセージ性をもって、子どもたちの心に届けます。

　サッカー選手の本田圭佑さんの言葉で印象深いのが「結果にこだわるな、成長にこだわれ」というものです。結果は成長の先にあるものという考えで、たとえ一時期表面的な結果が出たとしても、真の成長がなければ一過性のものになってしまうとのことです。

　また、心としても、成功（表面的なもの）ではなく成長（自らの真の満足）にこだわることにより、幸せをつかみやすいと考えます。

　ですから、「失敗は成長の元」は、成功という結果ではなく、その前に必須である成長にフォーカスした声かけです。子どもたちにもその意味を伝えておく必要があります。また、この考えは私の教育の根幹になる考えなので、学級通信にも早い時期に載せるようにしています。

　一番聴きやすいとされる低い声を使うことで、既存のものをあえて変えている意味を伝わりやすくすることができます。

ステップアップ -

　このように元々の言葉を少し変える声かけ以外にも、正反対にする声かけも有効です。例えば「成功は失敗の元」「失敗は大失敗の元」などです。一時の成功に悪い意味で調子に乗り気が抜けたり、失敗を反省しないばかりに大失敗したりということに釘を刺す声かけです。このように知っている言葉をあえて崩すことでインパクトを与えることができます。

今日、帰ったら、最初にお家の人に話しなさい

T　同じことが何度も続いてしまっています。同じことで、何度も迷惑をかけてしまっている人たちがいます。

C　……反省しています。

T　では、その反省が分かるように

今日、帰ったら、最初にお家の人に話しなさい。

C　分かりました。

T　それが本当の反省になるのは、しっかりと継続して今の気持ちを保てた時です。

ねらい 「重み」重大なことを話しているということが子どもに分かるように、地を這うような声で重みを演出します。

場面 普段とは違い、重大な局面だということを実感させたい時。繰り返しの指導が功を奏さない時。

反省を時間が経っても継続できているか、また行動に移すことができるのかを子ども自身が知るための声かけです。

何度指導をしても、同じことを繰り返してしまう子どもがいます。そのような児童は、指導時は反省しているように見えても、時間と共に忘れて同じ失敗を繰り返すことが多いように思えます。

叱られた内容を家に帰って、しっかりと最初にお家の方に伝えることにより、まず継続性があったかどうか（忘れていないか）を知ることができます。また、きちんと自分本位ではなく伝えることができるかで、指導されたことに対して自分がどのように行動できるのか知ることができます。ここで言っている「知る」とは、あくまで「子ども自身が知る」ということです。

ですから、お家の人に叱ってもらうとか、言えなかったことを咎めるのではなく、**自分自身がどうであったかを次の日の朝、振り返らせたいで**す。この内容も学級通信で伝えます。子どもたちが知っていても、よい内容ですし、むしろ知っておいてもらう方が子ども自身の成長に繋がります。

ステップアップ ------------------------------

今までの声かけは、声かけのその部分だけピンポイントで声色を変えることにより、そこが強調され、効果が高まりました。しかし、今回の声かけに登場するような重大な局面の生活指導については、終始低い声で行います。これは「この件に関しては一切妥協しない」という意思を、より明確に、隙間なく子どもに届けるためです。

できるということは、今回証明してほしい

T　今日は避難訓練があります。どのように臨みますか。

C　真剣に－（どうせ、本番じゃないんだから）。

T　少し気のゆるみを感じます。ではみんなの素直な気持ちを聞かせてください。

C　本番になったら、みんな真剣にできると思います。

T　なるほど、では、**できるということは、今回証明してほしい**。そうすれば、みんな安心でしょう。

ねらい 「響き」音と言うよりは振動に感じるくらいの重低音で、物理的な響きをつくり、心に響かせます。

[場面] 生命の危険など、本能的な部分に関わる指導を行う時。真剣さを伴わせたい時。

避難訓練などの際に、「できる」ということは行動を伴って初めて説得力があるものになることを伝えます。

避難訓練は慣れてくると、緊張感に欠けることがあります。当然、行うべきことをいつものことのようにルーティンで行える慣れはよいです（そのための訓練なので）。しかし、悪い慣れにより、想像力が欠け、意味のないルーティンになってしまってはよくありません。

そのために「できるということは、今回証明してほしい」という声かけを行います。ただし「できる」というハードルは低くはありません。なぜなら、避難は「ほんの少し」のミスも許されないからです。

子どもたちには、避難訓練については「ほんの少しできればいいのか、それとも、完璧にできなければいけないのか」という部分で考えさせます。人の命に関わることでは「ほんの少しのお喋りも命取りになる」といったような完璧さが求められること、それができるという証明には本気が求められることをしっかりと押さえて、訓練に臨みたいです。

ステップアップ -

重低音とは、通常の低音よりもさらに低い、音よりも振動に近いものと定義されています。特に、避難訓練のような命に関わるものについては、子どもたちの本能にアプローチする重低音で迫りたいです。重低音の音漏れは近所トラブルになるほど気になることがあるそうですが、そのくらいの思いで声色をコントロールして、気持ちも乗せていきたいものです。

傾聴とは、聴いている人が心を伝えること

T　お話を聴く時には、傾聴しましょう。

C　傾聴、とは何ですか。

T　熱心に聴くことです。
（うんうん、と頷く子）

T　素晴らしい！　もう傾聴ができ

ている人がいる！

C　え！?

T　傾聴とは、聴いている人が心を伝えることです。私には、あなたがちゃんと聴いていることが伝わってきました。

ねらい 「意識づけ」繰り返し伝えるべきことこそ、毎回軽くならない 低い声を使うことで、心の奥に沈めます。

　　　　[場面] これからも繰り返し伝えるだろうことを、届ける時。当た り前だが重要なことを語る時。

傾聴の受動的なイメージを能動的に変えることで、主体性を伴っ て物事に関わろうとする習慣をつけます。

　保護者からよくされる質問に「賢い子にするためにはどうしたらいいで すか」というものがあります。一朝一夕で何とかできるものではないとい うことを前提に、「話をしっかり聴けるようにする」と答えることが多い です。

　そのために、子どもたちには傾聴を習慣づけたいものです。傾聴のため には、まずは姿勢から（形から）入るとよいです。姿勢とは、相手におへ そや顔を向ける（聞いていることを相手に伝える）・小さく頷くなどリア クションする（話し手に対して意見をもっていることを伝える）・質問や 感想を考えながら聴く（相手の意見と自分の考えがリンクして学びが深 まったことを、後で伝える）などです。発達段階に応じて「傾聴は伝え る」を提示したいです。

　このように傾聴とは、受動的なものではなく、インプットのためのアウ トプットを試みることで強化することを伝えます。**繰り返し伝えることこ そ、慣れて軽くならないように、毎回低い声を意識したい**です。

ステップアップ -

　私はインプットのためのアウトプットの方法として、Twitter を活用し ています。アウトプットするツールとして使っているので、誰かの投稿は 見ないルールにしています。Twitter は文字数制限があるので、要約する 必要がありますし、長くならず短時間でできることも気に入っています。

> あなたがいてくれるから、このクラスはよくなっている

（休み時間、ワイワイと賑やかな教室）

T（本棚の本がぐしゃぐしゃになっているな…さて、どう気づきを与えるべきか……）

（一人の子が本棚に気付いて、整理する。その子は何事もなかったように席に戻る）

T 整えてくれて、ありがとう。

C え？

T **あなたがいてくれるから、このクラスはよくなっている。**

ねらい 「信頼」信頼というものの重みを表現するために、しっかりと準備をした低い声を使います。

場面 尊敬と感謝の気持ちを伝える時。誠実さを伝えたい時。

クラスのどの子にも自己有用感を与えるとともに、尊敬と感謝の気持ちを伝えます。

　教師であろうと完璧な人は、いません。常に子どもと一緒に成長し、自分の目指す高みに向かうことも、人生の楽しみの一つです。それを考えていれば、子どもから学ぶことはたくさんあります。直接的な言葉であるかもしれないですし、行動や純粋さといったものかもしれません。いずれにしても、そのような時には、大人と子どもではなく、一人の人間として尊敬と感謝を伝えることが、回りまわって、目の前の子どもたちの成長に繋がります。そんな場面では、しっかりと大人に接するように落ち着いた声で、上記の声かけを行いたいです。

　また、これは、**クラスのどの子にも使うことのできる自己有用感を与える声かけ**でもあります。上記のような特質する行動がなくても、人間が社会的な生きものであることを鑑みれば、誰であろうと集団の中にいるだけで集団に貢献しているので、それを言語化すればよいのです。

ステップアップ

　一見、プラスが見つかりづらい子の言語化に関しては、前述した「裏を返せば」の理論を使うことで「あなたがいてくれて……」と伝えることができます。例えば、不満ばかりの子でも「クラスの問題を明らかにしてくれて、ありがとう。一緒に解決策を考えてほしい」と認め、信頼関係を築く中で、少しずつその子の変容をねらっていくことがよいでしょう。

静なのか、動なのか

T 今から練習を始めます。

（まだ、おしゃべりが様々なところから聞こえてくる）

T 今は、**静なのでしょうか、動なのでしょうか。**

C せい？　どう？

T 静かにエネルギーを貯める静があるからこそ、動が生きてきます。これは今のような練習の場だけでなく、普段の生活にも当てはまります。

C （今はエネルギーを貯めよう）

小さい

高い

低い

速い

遅い

声‥「静なのか、動なのか」

ねらい 「リーダーシップ」集団を率いるリーダーには、威厳の象徴の一つである低い声を発する場面も重要となります。

場面 リーダーシップを発揮して、集団を同じ方向に進ませるきっかけとする時。大人数に対して指導を行う時。

メリハリをもつことの意味と、その具体的な場面を考えさせ、子どもたちのエネルギーをより成長に向けられるようにします。

物事が表裏一体であることは繰り返し書いていますが、物事に正しくエネルギーを向けるためには、その表と裏を場面によって上手に切り替えることが大切になります。

運動会の練習であれば、待っている時も元気、演技中も元気、終わっても元気、ができればよいでしょうが、演技の質を高めようとするなら、エネルギーを放出するポイントを明確にする必要があります。待っている時は落ち着いて静かに心の中で炎を燃やし（静）、演技の中で爆発させる（動）ことでパフォーマンスレベルは確実に上がるでしょう。この考えは運動会だけではなく、日々の生活にこそ生かせるように指導を進めたいです。

集団が動き出すきっかけを作るためにはリーダーシップが必要です。この**リーダーシップを表現するためには、低い声が適しています。**ある程度、集団が動き出したら、舵を子どもたちに渡したいものです。

ステップアップ -

行事指導は、行事だけで終わらせないことが重要です。行事は、子どもたちにとって、上述したような汎用的な価値観を多く学ぶことのできる貴重な機会です。「よい思い出になったね」だけで終わらせてしまうのは、あまりにももったいないと感じます。私はあえて「行事の学びは、本番ではなく、行事が終わった後の一週間に表現される」と伝えています。

速い声の効果

　世界は高速化しています。子どもたちがよく見ているアニメも数十年前と比べると、実に多くの情報量が詰め込まれています。早口というと、依然「慌てていて理解しづらい」「緊張しているのかな」と、どこかネガティブなイメージを抱く方もいらっしゃる一方で、お笑いコンビのキングコング、メンタリストの DaiGo さんなどは、速い話法でも注目され、頭角を現しました。速いスピードで話すことは、特にこれからの時代には、武器になることが多いのではないかと考えています。

　実際に、速い声で話すメリットは多いです。まず、速い声で話すには言葉を詰め込まなくてはならないですし、その分だけ頭を回転させる必要もあります。ですから、分かりやすく **「賢さ」** を表現することができます。台本も見ずに、早口で、多くの情報を伝える人には、その内容の精査の前に、「速くて何だか単純にすごいなー」という感想をもつことがあるでしょう。

　お笑いコンビのキングコングの漫才を見たことがあるでしょうか。始めの方は、通常の漫才と同じようなスピードで展開されていきますが、中盤から終盤にかけてどんどんスピードアップしていき、最高速で幕を閉じます。面白さも当然感じているのですが、それ以上の正体不明な満足感に包まれます。よく考えれば、作りこまれたネタ、そのスピード感を用いようとするセンス、これを完成させるための膨大な練習量など多くの要素が考えられると思います。ただ、それを何となく感じさせながらもじっくり考える暇を与えることなく、とにかく圧倒することで、凄さが全く言語化されていない「速くて何だか単純にすごいなー」という感想を感じさせるのです。

メンタリストの DaiGo さんは自身の配信する YouTube において、「考える暇を与えることなく」速い声を使うことで、新しいことを説明する際のデメリットを解消していると言っています。人は、生命の維持のために、変化を嫌う生き物です。ですので、新しい画期的な情報を与えられたとしても、何とか、現状維持の方向に自身の考えをもっていきがちだと言われています。この処方箋になるのが、速い声だと言うのです。

新しく画期的な情報を、じっくりじっくりとかみ砕くように語ると、反対の意見を考える暇を与えてしまいます。逆に言葉の洪水の如く、早口で情報を与えることで、その隙を与えないのです。

これを学校現場に転用するのであれば、騙すようなねらいで使うのではなく、**「あえてはっきりと伝えないことでポジティブな思考の道筋をつくってあげること」**になります。

プライドの高い子や繊細な子に対しての助言については早口でサラッと伝えたとしても、その子の心の中にはしっかりと残っています。それを、逆にじっくりと伝えてしまうと、「悔しい」という別の感情が児童の思考を邪魔してしまうのです。

そうならないために、**伝え過ぎない（マイナス感情を必要以上に抱かせない）**ということが重要なのです。信頼が厚いカウンセラーは、こぞって早口だというのも、この辺りが理由だと考えられています。

ただ、子どもたちにじっくり理解させたい場合は、やはり「大きい」「ゆっくり」が大切です。速い声の部分は、小さい声と同じように、アクセントになるように活用すべきでしょう。

> # 分からないことを聞いてくれて、ありがとう

C　先生、ここのところが実はよく分からないんだけど。

T　おー、**分からないことを聞いてくれて、ありがとう。**

C　ありがとう、って（笑）

T　いやいや、あなたが聞いてくれたことで、ほかの人にも学びになるだけでなく、分からないことを素直に聞いてもいいんだという雰囲気が生まれます。

C　よかった。自分で考えなさい、と言われるかと思ったから。

ねらい 「軽快さ」当たり前のことであることが伝わるように、重くならないよう、明るく軽快に伝えます。

場面 授業中。質問を受けた時。当たり前のことを、当たり前であるかのように伝えたい時。

勇気をもって尋ねてきた子に対して価値を認め、それは当然感謝されるほど素晴らしいことであると印象づけます。

新しい学校に赴任する度に、分からないことは山のようにあり、詳しい先生方に尋ねるのですが、内心は「仕事の邪魔をしてしまっていないかな」「快く思われていないのではないか」と心配な気持ちが強かった時期がありました。ある日、中堅の男性の先生にそんな思いを抱えながら分からないことを聞きに行くと、「分からないことを聞いてくれて、ありがとうございます」と言ってくださいました。私はそこで、すごく心が軽くなったことを覚えています。

また、彼の伝え方はとても明るく軽快で、「お礼を言うなんて当たり前のことじゃないですか」というようなイメージを私に抱かせてくれました。**当たり前のことを、当たり前と伝えるときには、明るく軽快な声色が有効**と感じたのもこの経験からでした。子どもが教師に対して質問する時は、それ以上の緊張をもつ子もいるでしょう。この声かけで、その価値をしっかり認め、子どもの心をほぐせる教師でありたいものです。

ステップアップ -

入れ替わりの激しい教育業界にあって、20代後半ともなれば、後輩の育成も任されるようになります。上記のような先輩教員を私も目指していきたいと思っています。もう一人、別の方の「分からないことは同じことでも何度でも聞いてください。10回までは無料で、11回目からお金を取ります（笑）」という言葉にも救われた気持ちになったことがありました。

切り替え0秒を目指そう

T では、手を止めましょう。

（子どもたちは、なかなか作業を止められない）

T このような時は切り替えが大切です。どうせなら**切り替え0秒を目指そう**。

C 0秒は無理でしょ。

T 0秒というのは、『考えなくてもできる』という意味です。まずは、切り替え1秒くらいを目指しながら、切り替えができることを当たり前にしていきましょう。

ねらい 「エネルギー」速いスピードで話をすることはエネルギーがいります。速く話していれば、エネルギーがある印象となります。

場面 エネルギーのある印象を与えたい時。子どもたちにエネルギー（意欲）を発揮させたい時。

意識してできていたものは習熟を深めることにより、無意識でもできるようになることを伝える。

「切り替え０秒」とは、Ｆリーグ（日本フットサルリーグ）のフウガドールすみだというチームの監督である須賀雄大さんが提唱している考え方です。フットサルは攻守の切り替えが激しいスポーツですので、できるだけ速く切り替えができることは勝利に直結します。

ただ、須賀さんは「切り替え０秒は、精神論ではない」と言っています。初めは切り替え１秒などを目指していく中で、強い意識の下にそれを実行していきますが、極めていくことで意識をしなくても自然と切り替えが行える時が来るというのです。

子どもたちには、**「０秒に迫るくらいの速い切り替え」ということで、この言葉と出合わせ、タイミングを見て「意識→無意識」という学びの流れについても触れさせたい**ところです。考えてやっているうちは、強制力が必要で、無意識にできて初めて、学びは自分のものになるのです。

ステップアップ -

速い声というのは、聞き取りづらいように思えます。しかし、プレゼンテーションの世界では、速い声には熱意やエネルギーが帯びていると感じさせる効果があり、短時間であれば逆に集中力を上がって内容が伝わりやすくなるとされています。基本の「丁寧にゆっくり」とは真逆の方法ではありますが、話し方のバリエーションとして備えておきたいです。

まず何からやる？

たいようの
ような
明

💬

C1 　今日の学級会で決まったクラス目標は『太陽のような明るいクラス』です。

C2 　決まってよかった。

T 　なるほど、じゃあ、**まず何からやる？**

C3 　え？

T 　目標が決まったら、それに対して動き出す必要があります。まず、何から始めるかを決めておきませんか？

C4 　（考えていなかったかも……）

ねらい 「即効性」速く話すことにより、スピード感を演出します。子どもたちの考えを、すぐに次の段階に導きます。

> [場面] 今まで話していたこととは違う話題に切り替えたい時。スピード感をもって、違うフィールドに進ませたい時。

抽象を捉えて満足しつつあることに対して、具体的な考えや動きを引き出すことで、物事をスタートさせます。

　一つの物事をしっかりと捉えるためには、具体と抽象の両面を意識する必要があります。子どもたちは一つの見方しかできなかったり、満足してしまったりすることがあるので、そこを補うことは教師の役割の一つです。また、「具体と抽象の両面で捉える」という考え方を伝えることは、生涯使える汎用的な力を獲得させる意味で、そのよさを実感させると共に大切なことです。

　例えば、クラス目標を子どもたちに考えさせると、当然、抽象的な言葉が並びます。具体的なことを並べては、場面が限定されてしまうので、それはむしろ王道ではあります。しかし、決まったことに満足してしまって、その目標が何にも生かされず、「絵に描いた餅」になってしまうことはとても多いです。そこで「まず何からやる？」の声かけで、具体的に行うことを明確にしておくと良いです。**すぐに具体に移ってもらいたいという思いを演出するために、ここでは速い声が有効**と考えます。

ステップアップ -

　具体と抽象を行き来させるためには、自分の考えを可視化できる「シンキングツール」（黒上晴夫さん提唱）を活用することもよいトレーニングになります。これは、ベン図やウェビングマップ、クラゲチャートや魚チャート（フィッシュボーン）などに考えを書き、言語活動に繋げるものです。実践例も増えてきたので、気になる方は検索してみてください。

いい意味で他人に興味がある、悪い意味で他人に興味がある、の違いは何だろう

C1 ○○さんが泣いています。

C2 なんだ、なんだ。

C3 えー、泣いてるの。

C4 大丈夫？ 何があったの？

T みんな、ありがとう。では、詳しく、話を聴いてみます。

（しばらくして）

T いい意味で他人に興味がある、悪い意味で他人に興味がある、の違いは何だろう。さっきの、○○さんへの声かけでも、両方の人がいたのではないかと私は思います。

ねらい 「賢さ」頭の回転が速いということを、速く言葉を繰り出すことによって演出します。

[場面] 説得力のある話をする際の導入時。賢さを演出し、話の主導権を握りたい時。

野次馬根性なのか、自他の成長のためなのかを自覚させ、自分の行動に責任と学びをもたせます。

どの学年でも指導を行うと、「友だちの叱られている場面をじっと見る」「じっと見なくても、後で自分たちの話題（娯楽）にする」という場面が必ずあります。そのような行動は叱られている友だちを傷つける可能性もありますし、一番は自分の「誰かが落ちることを楽しむ心（野次馬根性）」を育ててしまうことになります

上記を示唆するきっかけにするために、「いい意味で他人に興味がある、悪い意味で他人に興味がある、の違いは何だろう」の声かけを使います。この言葉は、あえて早口で伝えます。当然、早口で言っているので、初めは内容が理解できていなくてもよいです。ここでは、**速い声の特徴である説得力のある印象を使って、話の主導権を握る**ことが目的です。そして、その後、黒板に「いい意味で他人に興味」「悪い意味で他人に興味」と書いて、その具体的な行動を発表させる（それも板書する）、という流れで展開します。

ステップアップ -

只者ではないオーラを発する先生の中には、話し方を工夫している人もいます。「賢そうだな」「何だか分からないけどすごい」という印象を与えるには、ピンポイントに早口で言葉を並べることが、選択肢の一つとして考えられます。お笑いコンビ・キングコングの高速漫才は、面白いだけではなく、すごさも加算され、見ている人を満足させます。

111

字をきれいに書くコツは三つだけだよ

字をきれいに書くコツは様々あって、ああその前に、まぁまず正しい姿勢で心を整えてから話……

字をきれいに書くコツは三つだけだよ！

教室 A	教室 B
T 字をきれいに書くコツは様々あって、ああその前に、まぁまずは正しい姿勢で心を整えてから話を聴くとよくて……グダグダ。 **C** ……。	**T　字をきれいに書くコツは 3 つだけだよ**、まず 1 つ目は……。 **C1** （なるほど、 3 つだけ聴けばいいんだな） **C2** （2 つ目はなんだろう）

ねらい 「連続性」少し速く話すことで、話題を流れるように展開し、停滞の雰囲気を打破します。

場面 授業中。少し長めに話す時。分かりやすく話したい時。集中力を途切れさせたくない時。

字をきれいに書くためには、努力や根性ではなく、三つの汎用的なテクニックを習熟させることが大切であることを伝えます。

この声かけにある「コツは三つ」とあらかじめポイントの数を提示するのは、プレゼンテーションを行う上での基本的なテクニックです。大まかにいくつのことを説明するのか最初に宣言することによって、聞き手は見通しをもつことができ、集中力を維持しやすくなります。また、後々、内容も想起しやすくなります。朝会など多くの人の前で話す内容も考える時も、まず「今日、話す内容は三つです」から組み立てることは、自分の考えを明確にすることができるので、お勧めです。

少し長い説明を行う場合は、話すテンポは通常よりも速めがよいでしょう。水が川を流れるように次々と連続性をもって言葉を発するイメージをもっておきたいです。ただし、大切な内容も流れやすくなることは事実です。YouTube 大学の中田敦彦さんのように、ポイントとなる言葉を事前に示しておくことで、大切な内容を子どもに留めさせることができます。

ステップアップ -

また、説明をする時には、結論から先に述べるのか、結論は後回しにするかも考えるとよいです。多くの場合は、まずは結論を述べてしまった方が、説明は分かりやすいものになります。ただ、例えば算数などで「答えが分かったから、もういいや！」となってしまうことが予想される時には、後回しにした方が思考を深められるということもあります。

調子を落としているね

T　最近、どうしたの？

C　どうせ、僕なんか何をやっても
　　ダメだから……。

T　そんなことはないと思うよ。

C　いや普通にうまくいってないし。

T　うーん、そうだね。**調子を落と**

しているね。

C　（うん！？　先生は、僕をできな
　　いと思っているわけではないの
　　か）

T　調子を再び取り戻す方法につい
　　て考えていこう。

ねらい 「あえて伝えない」強く伝えないことによって、逆にリアル感を演出します。

場面 真実味をもって、物事の事実を伝えたい時。強い思い込みを覆したい時。

「できない」のではなく「調子を落としているだけ」とすることで、子どもに前向きな気持ちを思い出させます。

　本当に伝えたいことは、強く情熱的に伝えるという選択肢もありますが、心が風邪をひいている子には逆効果な場合があります。「嘘くさい」「本当はそう思っていないからこそ大袈裟に言っている」と心の中で反発されることがあります。そのような場合には、**あえて強くは伝えず、少し早口でサラッと話すとよい**です。

　そのように話しても、その子にとっては、とても気にしていることなので内容が流れてしまうことはありません。普通以上に軽く言うことによって、逆に強いリアル感を演出することができるのです。

　「調子を落としているね」という言い方は、その子が元々必要なものをもっているということを前提にした声かけになります。子ども自身をさりげなく認めることができますし、「考え方一つで変えられるかもしれない」（実際に多くのことは「考え方一つ」です）という希望をもたせることができます。

ステップアップ -

　「調子を落としているね」と似た言い方で、よく使う声かけは「バランスを崩しているね」です。これも言わんとすることは同じで「必要な要素は存在し、そのバランスが悪いだけ」とするものです。私は、子どもと接する上で、この声かけの要素を大切にしています。誰もが幸せに生きる種を必ずもっていることは、常に忘れたくありません。

Aはグー、Bはパー、
考え中はチョキ

T では、皆さん。全員の考えを知りたいので、次のように手を挙げてください。**Aはグー、Bはパー、考え中はチョキ。**

C （えっ、何て言ったんだろう。ぼー、としていた！）

T もう一度だけ言いますよ。Aの意見はグー、Bの意見はパー、考え中の人はチョキを挙げてください。

C （今度は、ちゃんと分かった。やっぱりちゃんと聴かなきゃ）

T 全員挙がっていますね。

ねらい 「集中」集中できていなかった自分に気づかせ、しっかりと聴こうとする気持ちを思い出させます。

[場面] 授業中。子どもたちの集中力を発揮させたい時。授業の雰囲気が少し停滞し、子どもたちがダレてきた時。

全員参加を確認でき、全員に何かしらの意見をもたせたり、授業中の態度への気づきを与えたりします。

「Aはグー、Bはパー、考え中はチョキ」の声かけは、あえて早口で行います。ここで、**しっかりと指示が聞き取れた子は集中力が持続している子なので、価値づけを行う**ことができます。逆に、聞き取れなかった子にも「もう一度チャンスをあげるよ」として、**今度はゆっくりと丁寧に説明をします**。こうすることで、子どもたちは自分の集中力について、自省を行うことができます。

また、この声かけのよさは、全員参加がすぐに確認できることです。「Aだと思う人（数える）。Bだと思う人（数える）。考え中の人（数える）」と一つずつ聞くやり方だと、授業に参加していない（ボーとしていて自分の考えをもっていない）子を把握しづらくなります。そこから参加しても、聞かれていることには何となく答えることになるかもしれませんが、気づきは与えられ、その後に生かせます。この声かけは授業中に複数回行うと効果的です。

ステップアップ -

全員参加は、集団の力を最大まで高める意味で重要です。授業中は、いかに「お客さん」をつくらないようにするかが腕の見せどころです。一方で、休み時間については、全員参加の強制にならないように気をつけています。クラス遊び、運動会の自主練などで見えざる強制の頻度が高いと、休み時間が休まらない時間になってしまうことがあります。

未来は変えられる。過去も変えられる

（運動会のリレーでバトンミスがあり、負けてしまった子どもたち）

C1　すごく悔しい……。

C2　うん、でもやることはやった。前を向こう。

T　素晴らしいです。その姿勢なら

あなたたちの**未来は変えられる。過去も変えられる。**

C2　……？

T　「悔しい過去」だけでなく、「よい経験の過去」と捉えることが、未来を変えることに繋がるのです。

118

ねらい　「熱心」速い声と強い声をミックスすることによって、熱い気持ちを子どもに伝えることができます。

場面　努力に対して結果が伴わなかった時。理論よりも熱い気持ちで子どもたちに迫りたい時。

自分の考え方次第で、過去の出来事はポジティブにもネガティブにも変えることができることを伝えます。

　よく「未来は変えられる」という言葉を耳にします。過ぎ去った過去は、どうすることもできないですが、未来は、まだ起きていないことなので、そこまでに努力などを積み重ね、よいものにしていけるという意味です。

　しかし、考え方によってはその「未来を変える」ということは「過去の捉え方」を変えるということでもあると思っています。過去の出来事を後悔などの後ろ向きなものから、「あの出来事があったからこそ、今の自分がある」と前向きなものにすることは、未来へのエネルギーになるからです。

　過去の事実は同じでも、「自分の考えが変われば過去は変わったも同然」と断言することは、挫折を経験した子への処方箋として有効です。「ここまで努力を重ねることができたあなたなら、未来も過去も変えることのできる資質が十分ある」と励ましたいです。**速い声に強い声を合わせることで、その熱い思いは、受け取りやすい形となって子どもたちに届きます。**

ステップアップ -

　この「未来は変えられる。過去も変えられる」という言葉は、私が私自身に向かってかけていた言葉です。私は教職３年目に、学級崩壊のような状態を経験しています。「その経験があったからこそ、今の自分がある」と言えるように過去の経験を生かし、未来を変えていきたいと思っています。今、悩まれている先生も、必ずそう思える日が来ます。

遅い声の効果

　遅い声が、**分かりやすい声**であることは間違いないです。しっかりと理解を促したい時には、「大きく」「遅く」を意識した声を使うとよいでしょう。ただし、遅い声にはデメリットがあって、終始ゆっくりした声で授業を展開すると、間延びした印象になってしまい集中力の維持が難しくなります。また、必然的に話す情報量も少なくなってしまいます。

　つまり、授業時は普通の程度の速さ（１分間に300字から350字程度）で話し、大切な部分だけ遅い声を活用するべきです。例えば、授業のまとめとなるキーワードを伝える時には、しっかりと振り返らせ、１コマの内容を咀嚼させたいので、このゆっくりとした話し方が適切です。また、生活指導上しっかりと考えなければ理解できない時には（新しい言葉や新しい考え方の整理に時間がかかりそうな時には）教師がじっくりと話すことで考える余白を与えたいものです。

　また、遅い声は、**寛容さ**を表現できるということも特徴的です。アニメの「はなかっぱ」は話し方がのんびりとしていて、とても優しく、人気者です。サザエさん一家のマスオさんも同様で、比較的ゆっくりとした話し方で、誰からも愛されるキャラクターです。このように、国民的なアニメの中でも「ゆっくりとした話し方≒おおらか」というイメージを見ている人に与えています（特に子どもはアニメをよく観ていますよね）。ですから、のんびりとした話し方の人を見ると、気兼ねなく話すことができそうな気分になります。子どもにとっては、特に、アイスブレイクのきっかけになり得るのは、教師がゆっくりと話している時でしょう。逆に、速く話す教師には、少し話しかけづらいと思う子も少なくないのではないかと考えられます。

　このような寛容さというのは、**余裕の表れ**でもあります。まくし立てて誰かのマウントを取る必要もなければ、ちょっとしたことでは慌てる（早口になる）こともない、というのはそのまま器の大きさに直結します（または、そのように第三者からは見えます）。これは、大人としての**「品」**とも言うことができるでしょう。私が尊敬する先生方に共通するのは、この「余裕から醸し出される人間としての品」です。どんな時でも、その品が崩れないことは、子どもたちの大きな安心材料になっていると感じます。

　この「品」を手に入れるためには、当然、一朝一夕とはいきません。ただ、その入り口に立つことはできます。その方法は、逆説的ですが、「遅い声」を出すことです。心に余裕が欲しければ、まず早口で話さなくても成立する生活をするとよいのではと考えます。

　また、自分の声を最初に聴くのは自分自身です。落ち着いた声を自分で聴くことで、安定した心を確認することは大切です。特に、自分の心が揺れる場面では、ゆっくりとした声を意識して出すことで、ありたい自分でいることができると実感しています。

　さらには、遅い声は**「間」を使いやすい話し方**でもあります。間自体は、どのような話し方でも作ることができます。例えば、早口で話している途中に突然黙り、子どもたちに気づきを与える間はかなりのインパクトがあります。

　ただ、もっと思慮深く、相手の反応や自分の言葉の響き方を観ながら、じっくりと使う「間」は、長期的に言葉の力を高める効果があります。イメージとしては、政治家の石破茂さんのような間の取り方です。特に１対１で、子どもの心の内に迫るような話し方を目指したい場合には、遅い声の中の「間」を意識して鍛えるとよいでしょう。

> # ずっとあなたの横に誰かがいた方がいいかな

T　さて、人の物やみんなの物に落書きをしないことはさっき確認したはずだけど。

C　……もうしません。

T　したくないという気持ちは伝わってきます。それでも、心とは反対に、身体が動いてしまうというのであれば、**ずっとあなたの横に誰かがいた方がいいかな。**

C　……大丈夫です。

T　では、もう一度だけ、あなたのことを信じます。

ねらい 「冷静」叱ったり諭したりする時には、感情を表に出すより、遅い声で冷静さを演出しながら伝えると、心に落ちやすくなります。

場面 何度も同じことで指導を行う時。繊細な児童に対して指導を行う時。

繰り返しの指導が必要になった子に対して、誰かの目ではなく、自分の良心の目で自分を見つめる大切さを示唆します。

児童の問題行動が一朝一夕で解決するということは、ありません。それができれば前学年や家庭での声かけで既に改善しているはずです。また、簡単に問題が解消したように見えても、教師の「圧」によって、それを押さえつけているだけかもしれません。その場合には、押さえつけている期間の分だけ、主体性が奪われているので、よりよくないです。時間がかかっても、同じところを行ったり来たりしているように思えても、螺旋階段を上がるようにじっくりと示唆を与え、主体性の芽を育みたいものです。

その具体的な方法の一つが、「ずっとあなたの横に誰かがいた方がいいかな」の声かけです。これは**「誰かの目が判断の基準になっている」という示唆を与える**ものです。もし、その後、ほんの少しでもプラスに変化したと感じる場面があれば、「誰かの目」ではなく「その子自身の良心の目」を判断の基準にできたことを強く認めたいです。

ステップアップ -

速く変えたものは、速く元に戻ってしまいます。じっくりと変えたものは、定着することが多いです。ここでの声かけも押さえつけるのではなく、あくまで冷静さを保って言い、子ども自身に考えさせ、地道に直す必要があります。とは言え、こちらも人間ですのでいつも冷静とは限りません。教師がゆっくり話すことは、自分自身を落ち着かせる効果もあります。

それ誰が決めてるの？

できないっ！

C 僕はバカだから、できないのは
当たり前。

T バカではないと思うよ。

C ○○も、僕のことをバカと言っ
てたし。

T ○○がバカだって言ったら、バ

カなの？

C そうじゃないけど……。

T あなたがバカだって、**それ誰が
決めているの？**

C （もしかしたら、自分自身で決め
てしまったかも）

ねらい「柔らかさ」デリケートな話題ほど、大らかに受け止めて、柔らかく返すために、遅い声を使います。

場面 子どもが自信をなくしている場面。子どもが他人の言動に左右されて自分を見失っている場面。

自分の可能性は他人には窺い知れないものであるので、自分が自身の未来を信じることの大切さを伝えます。

　ギャングエイジから思春期の子どもたちは、他人の目をとても気にします。SNS で仲間外れにされただけでこの世の終わりであるかのように思えますし、自分とは関わりのない人のいる世界にはなかなか目が向かないものです。また低学年では「先生が言ったから」「○○がこう言ってた」など、客観的な視野が狭く、盲信しやすい傾向にあります。

　そのような子には「それ誰が決めてるの？」という声かけを与えたいです。誰が何を言おうと、自分の可能性を決めることはできないはずです。「夢は逃げない。逃げるのはいつだって自分」という言葉の通り、できないと決めているのは自分です。

　または、「できない」と言うことによって、無意識にハードルを下げようとしているということも多いです。このことについては、ホームルームなどの話題に挙げて、自覚させ、自分と向き合わせたいものです。

ステップアップ -

　この前の項でも書きましたが、話し方をコントロールすることは、教師自身のメンタルにも大きな影響を与えます。逆に言うと、感情をうまくコントロールできないような出来事に遭遇した時には、まず使う声を意識すると良いでしょう。自分の声を最初に聴くのは、自分自身だからです。特に怒りのコントロールには、遅い声を出してみることが有効です。

それって、コントロールできる？

C 本当に信じられない！

T どうしたの？

C 今日朝から、すごく運が悪くて、靴ひもは切れるし、ランドセルは壊れるし、転ぶし……。

T あらら、ずいぶん災難だったね。

C もうダメだ、あー、イライラする！！

T 気持ちは分かる。ところで、**それってコントロールできること？**

C うーん、確かに気にしてもしょうがないか！

ねらい 「気づき」遅い声を発することによって、気づきを得る時間と雰囲気をつくります。

場面 子どもに何かを気づかせたい時。自ら気づかせる雰囲気にしたい時。

自分が何とかできることなのか、そうでないことなのか、を判断させ、エネルギーを向ける方向に気づかせます。

子どもたちはエネルギーに溢れています。そのエネルギーを様々な方向に向けて、自分の可能性を伸ばすことができることが子どもたちの素晴らしさです。しかし、時には、どうしようもないことやマイナスの方向に目を向けて、心を疲れさせてしまうこともあります。身近な大人が、エネルギーの向ける方向について助言をすることも必要です。

自分でコントロールできるか否かということを基準にして判断させるとよいです。コントロールできないことに対して、悩んだり悔いたりしても、どうしようもないからです。世の中の多くのことは自分でコントロールすることはできません。ただ、そう考えられると、自分がするべきことはむしろ明確になり、そこに全力を注ぐことができます。

この声かけは、**あえてゆっくりと言い、子ども自身が気づきをもてる時間と雰囲気を確保**します。

ステップアップ -

教員のライフハックにおいても、上記の考え方は重要です。子どもや保護者、管理職の評価は自分ではコントロールできないものです。しかし、子どもたちのためによい教育を行おうとすることは自分でコントロールできます。丁寧な人ほど全てを割り切るのは難しいですが、「これは割り切る練習」と向き合っていくことで、確実にメンタルは強くなります。

「最高」最も高い、「最低」最も低い。今、それが当てはまる状況でしょうか

C 最低、最低！

T あらら、今度はどうしましたか？

C 今日の給食、私の嫌いな野菜の塩もみなの。塩もみって、本当に最低。

T 塩もみが苦手なんですね。『**最低**』**最も低い。今、それが当てはまる状況でしょうか。**

C 最低じゃないけど、100点中70点くらいは嫌。

T なるほど、よく分かります。

「豊かな表現」表情豊かに話したい時は、それをしっかりと伝えるために、ゆっくりと話していきます。

場面 表現を強調して伝えたい時。これから話すことについて想像力をもたせたい時。

最高、最低と安易に一括りにせず、しっかりと目の前の出来事に向き合う心を育てます。

　世の中のことを簡単に諦める方法の一つに「一括りにする」というものがあります。ちょっと嫌なことがあれば、「最低」と言い、自分にとって重大な損失かのように扱って、逃げるというものです。しかし、最低の出来事は滅多にあるわけではありません。それを認め、100点中何点くらい嫌なのか、どの部分が気になっていてどうすれば緩和できるのか、と言った部分に目を向けさせたいです。

　特に、「最低」が口ぐせになっている子は、無意識に一括り思考になってしまっている可能性もあります。思考する際には言葉を用いますので、扱う言葉が心の在り様を決めることにも気付かせていきたいです。

　この「『最低』最も低い」の言葉かけは、**表情豊かに**行います。「最低」は、本当に最低だと思っている**表情を大袈裟につくり、冗談めかしながら言い、子どもの素直な心をくすぐりたい**です。

ステップアップ -

　さて、最低はダメだとしても、最高はなぜダメなのでしょうか。これは「好き、嫌いで分けると、可能性が逃げてしまうかもしれない」（88ページ）でも書いた盲信のリスクが伴うからです。ほんの少しよいと思ったから、みんな言っているから「最高」となってしまうのは、思考停止です。将来よりよい選択ができるように、物事を吟味できる素地を育てたいです。

補欠は正選手より、成長できる

ハイッ!!

C　負けた……、リレーの選手になれなかった……。

T　正選手の補欠としての役割があります。

C　そんなの意味ないじゃん、補欠なんて絶対出られないし。

T　出られない確率は正直高いです。でも、意味はあります。これは、みんなにだけは伝えておくけれど、実は、**補欠は正選手より成長できます。**

C　……（どんな話だろう）

ねらい 「間を生かす」ゆっくりと話すことで、話の緩急に重要な役割を果たす「間」を、より強調します。

場面 話に期待感をもたせたい時。印象づけたり、適度な緊張（集中力）を与えたりしたい時。

一見意味のないと思えることも視点を変えることで、様々な成長の種を見出せることを示します。

リレーの選手が選考されると同時に、そこに僅かに届かなかった子は補欠選手として選出されることが多いと思います。補欠の選手は、選考レースで敗れてしまった悔しさと、本番ではほとんど出番がないだろうという予想から、モチベーションが上がらないことが多いです。

しかし、裏を返せば補欠選手は正選手にはない・負けを誰にも知られずに受け入れる体験・ほとんど出られる可能性がない中で本当の意味で自分と向き合う体験、をすることができます。このような学びを意識して、練習で正選手に負けない努力ができれば、本番は観戦席でレースを観ることになっても、それも含めて、正選手を凌駕する成長に繋げることは可能です。

本来であれば、この話はリレー選手を選考する前に行いたいものです。本番で目立ちたい人ではなく、運動会を越えて人間として成長したい人がレースに出てほしい旨を伝えておくと、成長を促しやすいです。

ステップアップ -

遅い声を使った声かけは、「間」をしっかりと意識することで、さらに効果的に子どもたちに響くものになります。「間」があることで、その無音の時間に、想像させることができる、緊張（集中）させることができる、期待させることができる、印象深くさせることができる、など聞き手の主体性を刺激する様々な効果をもたせることができるのです。

> あなたの成長のために、それとこれは切り離して考えよう。選択肢はたくさんある

だって…!!

T　相手を叩いてしまったことについて、どう思っていますか。

C　だって、○○が先にやってきたから。

T　やられたことを、止めさせたかった気持ちは分かります。叩いてしまうくらい、すごく嫌だったんだよね。

C　うん。

T　それならなおさら、**あなたの成長のために、それとこれは切り離して考えよう。選択肢はたくさんある。**

ねらい　「咀嚼」ゆっくりと話すことによって、子どもがその内容を
しっかりとかみ砕いて把握できるようにします。

　　　　　場面　時間をかけてゆっくりと確実に子どもの心を解きほぐした
　　　　　い時。難しい説明を理解させる時。

「○○されたから○○した」を打破させ、相手に依存しない自分を
確立するサポートをします。

　相手が「○○してきたから○○した」というのは比較的よくあることで
す。こうなってしまう心因には「相手が悪いことをしてきたから、こちら
も悪いことで返して構わない」という考え方にあります。しかし、そうし
てしまうと自分の立場や心を悪くしてしまうケースの方が多いです。

　そのような子には、相手がしてきたことと、自分の行動を分けて考える
よさを伝えたいです。自分の行動を、相手（特に今回であれば自分がネガ
ティブに思っている人）に委ねられてしまうのは「自立」とは正反対の行
動選択です。相手がどうであれ、自分としてこの状況を打破するために、
いくつかのカードの中から責任をもって行動を選択できる子を育てていき
たいです。

　子どもはそもそも、その選択のカードをもっていないことが多いです。
**ゆっくりとした口調で心を解きほぐす中で、どんな選択肢があるのか子ど
も自身が考えていけるようにサポート**していきたいです。

ステップアップ -

　この声かけを行う前に重要なことは、しっかりと子どもの気持ちを受け
止めるということです。選択した行動がよくなかったことは子ども自身が
気づいているものです。ただ、それを考えたい気持ちになれるかどうか
は、教師の気持ちの受け止め次第です。「辛かったね」「叩いてしまうくら
い嫌だったんだね」と受け止めることから始めていきたいものです。

種類

大きい

小さい

高い

低い

速い

遅い

声…「あなたの成長のために、それとこれは切り離して考えよう。選択肢はたくさんある」

逆にその人が心配

（黒板に「バカ」という落書き）

T これを書いたのは誰でしょうか。

（特に全体から反応はない）

T では、このことがよくないこと
だと思う人は手を挙げましょう。

（全員が手を挙げる）

T もし、このクラスの中に、これ
を書いてしまった人がいたら、**逆
にその人が心配**です。自分の良心
と行動が反対になってしまってい
るから。心の中はとても辛いこと
が想像できます。

ねらい 「緊張緩和」あえて、少し話のペースを落とすことにとり、緊張感を除きます。

場面 指導の中で子どもたちの緊張が強い時。速いペースで事が進む中で、気持ちがついてこない子がいる時。

不適応行動を、問題行動と捉えるのではなく、その子からの SOS と捉えることで、クラス全体で自分事として考えていく。

　匿名で落書き、物隠しなどが起きた場合は、以下の順番で指導を行います。

　1．全体に事実を認識させる。2．このことがよいことなのか、悪いことなのかを全体の前で表明させる（前ページのように挙手させてもよい）。3．「逆にその人が心配」の声かけを行う。

　1が落書きの場合、発見次第すぐに消した方がよいという意見もありますが、私は全体に事実を認識させてから、その場で消します。まずは、事実を事実としてしっかり受け止めさせることが大切と考えます。

　2では、良心の確認を行います。全員の手が挙がればそこで一つ子どもたちの良心を認めることができますし、挙がらなければそこを切り口として深い話をしていきます。

　3では、クラス全体のショックを受け止めた上で、犯人捜しではなく、その子が感じる辛さを自分事で考えていく方向に話を展開します。一人ひとりの雰囲気で、このクラスはよくも悪くもなることを確認します。

ステップアップ -

　落書き、物隠しなどは、満たされない思いと「やることがない」状況が同時に発生した時に起こると考えています。そのやることをつくるためには、学級内「会社活動」が最適です。クラスのために有志で行うプロジェクトのことです。新聞会社、お笑い会社、遊び会社、勉強会社……なにをやるかは自由です。空間、時間、道具を確保すると活性化しやすいです。

考えは自由だけど、発言や行動には責任が出てくるよ

C1　×××。

C2　あはは！

C3　そんな下品なこと言うのは、やめて！

C1　楽しいからいいじゃん。

T　あなたたちが楽しいのは、よい

のですが、ここはどこでしょう。

C2　……教室。

T　自分の部屋とは違い、たくさんの人がいるところでは、**考えは自由だけど、発言や行動には責任が出てくるよ。**

ねらい 「品」下品であることとの対局を演出するため、ゆっくりと低い声で話します。

> 場面 下品なことに対して指導を行う時。公共の場での態度について、手本を示す時。

思考の自由は明言しながら、アウトプットには責任が伴うことを伝え、場に応じた行動を選択できるようにします。

　自分の部屋と教室は違います。また、同じ自分の家でも、自分の部屋とリビングでは違います。それは、人数の違いであり、親密度の違いでもあります。その中で、自分だけでなく、場にいるほかの人の気持ちを尊重することは、結果的に自分も暮らしやすい「居場所」をつくることになります。そのためには、それぞれの場所に応じて、行動を変える必要が出てきます。

　私は、公共度という言葉を使って、子どもたちに考えさせています。「自分の部屋が公共度０だとしたら、リビングは５くらい、教室は50で、駅は95……」などと、人数や親密度などを元に考えていきます。当然、正解はありませんが、自分なりにプライベートとパブリックの違いについて考えてみることが大切なのです。子どもによっては、「休み時間の教室は50だけど、授業中は65」というように、同じ場所でも場面によって配慮のレベルが変わる、と考えることができる子もいます。

ステップアップ

　給食時には楽しい時間にしてもらいたいという思いと、しっかりと公共の場で食事しているという意識をもたせたいという思いの両面で指導をしています。「レストランだと思って食べよう」という声かけを使っています。レストランでは、小声で楽しく話すことはしますが、大声で話したり、音を立てて食べたりすると周りの人の迷惑になってしまいます。

おわりに

　私は教師の才能がない教師です。と、文字にすると、とても自虐感のある響きになってしまいますが、自らをメタ的に分析してみた結果、どうやらそのようだと思いました。

　明るく元気でリーダーシップもあって華やかな学生生活を送って……と、満を持して教師になる人もいます。子どものことが大好きで、目に入れても痛くないほどの無償の愛を、意識せずとも提供できる教師がいます。指導の感覚が鋭敏で、子どもの些細な変化に気づき、絶妙な言葉選びができる才能のある教師もいます。私は、そのいずれでもありません。

　ただ、「自分にはない」という自覚の先、「じゃあ、どうするか」を考えたいとは思いました。メリットがあるものにはその分だけデメリットがあり、デメリットの裏にはその分だけのメリットがあります。ということは、才能のある人にもリスクはあり、才能のない自分にも「ないからこそのメリット」があるのではないかと考えました。

　才能がないからこそのメリットを考えると、以下の２つを挙げることができました。１つ目は、単純に、できない子、分からない子、目立たないけれど頑張っている子の気持ちが分かるというものです。成功ばかりではなく、むしろ、失敗を積み重ねて生きてきたことで、どう頑張ってもうまくいかない子の思いを汲み取ることができます。

　そう考えると、教師という仕事は、今までの人生で挫折体験がある人でも、むしろそれを武器にできる稀有な職業なのだということができます。例えば、今は初任や若手で思うような結果が出ず、苦しい思いをしている方も、諦めずに続けていれば、むしろその経験が自分の強さへと変わる時

が来るということです。

　才能がないからこそのメリットの2つ目は、考えを体系化できる、ということです。才能があればそもそも体系化など必要ありません。私の場合はうまくいかないことがほとんどの中、ほんの少しの成功のかけらを集めながら、その共通項を見出すことで、少しずつうまくいくようになってきました。そして、クラスが充実し、教師として楽しめるようになってきた頃に、その手法を他の先生にも言語化して伝えることができることに気がつきました。本書もまさにそのメリットで書かれた本です。

　つまりは、うまくいかないことを「じゃあ、どうするか」で考えると「マイナスの裏には必ずプラスがある」「持っているもので勝負しても結局は面白いことになる」ということが分かります。どうぞ、うまくいかないことがあるたびに、マイナスなことが起こるたびに本書を開いていただければ幸いです。「じゃあ、どうするのか」と思えるモチベーション喚起、「マイナスの裏には必ずプラスがある」と思える理論と根拠、「持っているもので勝負しても結局は面白いことになる」と思える手法を、存分に意識して書いたつもりです。もちろん、マイナスを克服して、あなた自身がもっと輝くためにさらに本書をご活用下されば、その効果は何倍にもなるでしょう。

　本書の刊行に際しては、多大なご尽力をいただいた東洋館出版社編集部の刑部愛香様に深く感謝申し上げます。また個人的なことで恐縮ですが、どんな時でも一番近くで支えてくれた家族、特に力強く闘病することで私に勇気をくれた祖母に感謝を記します。

熱海 康太

参考文献

理論部分 ··

- 竹内一郎（2005）『人は見た目が9割』新潮新書
- 今城裕実 他「Best Presen　プレゼンテーション・話し方分析14 インタビュー：プレゼンがうまくなる魔法(1)」（https://best-presen.com/column/clm14.html）
- 多賀一郎（2014）『ヒドウンカリキュラム入門』明治図書出版
- 魚住りえ（2015）『たった1日で声まで良くなる話し方の教科書』東洋経済新報社

大きい声 ··

- 岸見一郎・古賀史健（2013）『嫌われる勇気』ダイヤモンド社
- 森絵都（2018）『みかづき』集英社
- 西川純（2015）『新任1年目を生き抜く 教師のサバイバル術、教えます』学陽書房
- 岩井智宏（2020）『小学校音楽「常時活動」のアイデア100』明治図書出版
- リチャード・ワイズマン（2013）『その科学があなたを変える』文藝春秋
- 森川陽太郎（2016）『本番に強い子の育て方』ディスカヴァー・トゥエンティワン

小さい声 ··

- 加藤宣行（2018）『加藤宣行の道徳授業実況中継』東洋館出版社

高い声 ··

- D・カーネギー（1951）『人を動かす』創元社
- 細水保宏（2009）『算数のプロが教える授業づくりのコツ』東洋館出版社
- 細水保宏（2015）『算数のプロが教える学習指導のコツ』東洋館出版社
- 二宮寿朗「中村俊輔『今のままじゃ勝てない』J1参入決定戦3時間前、磐田の真実」Number Web（https://number.bunshun.jp/articles/-/832939）

低い声 ··

- 深沢真太郎（2015）『そもそも「論理的に考える」って何から始めればいいの？』日本実業出版社

速い声 ··

- 田村学・黒上晴夫（2016）『「思考ツール」の授業』小学館

● 富澤敏彦（2007）『簡単ルールで一生きれいな字』NHK 出版
● 須賀雄大・北健一郎（2012）『日本一監督が教えるフットサル超速効マニュアル120』
　白夜書房

著者紹介

熱海康太 （あつみ・こうた）

桐蔭学園小学部教諭。

主な著書に『駆け出し教師のための鬼速成長メソッド』（明治図書出版）、『教職1年目の働き方大全』（明治図書出版、分担執筆）などがある。

Fリーグ（日本フットサルリーグ）チーム「フウガドール すみだ」などで、小説を連載。

○最新情報・実践は Twitter 上、**@jetatsumi** にて公開中。

伝わり方が劇的に変わる！
6つの声を意識した声かけ**50**

2021(令和3)年3月12日　初版第1刷発行

著　者　　熱海康太

発行者　　錦織圭之介

発行所　　株式会社東洋館出版社

　　　　　〒113-0021　東京都文京区本駒込5丁目16番7号
　　　　　営業部　電話03-3823-9206　FAX03-3823-9208
　　　　　編集部　電話03-3823-9207　FAX03-3823-9209
　　　　　振替　00180-7-96823
　　　　　URL　http://www.toyokan.co.jp

［デザイン］中濱健治
［イラスト］野田映美
［組版・印刷・製本］藤原印刷株式会社

ISBN978-4-491-04352-4　　Printed in Japan